# Historia de Japón

*Una Fascinante Guía de la Historia Japonesa, que Incluye la Guerra Genpei, las Invasiones Mongolas, la Batalla de Tsushima y los Bombardeos Atómicos de Hiroshima y Nagasaki*

© **Copyright 2020**

Todos los Derechos Reservados. Ninguna parte de este libro puede reproducirse de ninguna forma sin el permiso por escrito del autor. Los comentaristas literarios pueden citar breves pasajes en sus revisiones.

Descargo de responsabilidad: Ninguna parte de esta publicación puede reproducirse o transmitirse de ninguna forma o por ningún medio, mecánico o electrónico, incluido el fotocopiado o grabación, o por cualquier sistema de almacenamiento y recuperación de información, o transmitida por correo electrónico sin el permiso por escrito del editor.

Si bien se han hecho todos los intentos para verificar la información provista en esta publicación, ni el autor ni el editor asumen ninguna responsabilidad por errores, omisiones o interpretaciones contrarias al tema en este documento.

Este libro es solo para fines de entretenimiento. Las opiniones expresadas son solo del autor, y no deben tomarse como instrucciones u órdenes de expertos. El lector es responsable de sus propias acciones.

El cumplimiento de todas las leyes y regulaciones aplicables, incluidas las leyes internacionales, federales, estatales y locales que rigen las licencias profesionales, las prácticas comerciales, la publicidad y todos los demás aspectos de hacer negocios en los EE. UU., Canadá, el Reino Unido o cualquier otra jurisdicción es responsabilidad exclusiva del comprador o lector.

Ni el autor ni el editor asumen responsabilidad alguna sobre estos materiales por parte del comprador o lector. Cualquier desaire percibido hacia cualquier individuo u organización es completamente involuntario.

# Contents

INTRODUCCIÓN ................................................................................ 1
CAPÍTULO 1 - HIJOS DEL SOL .......................................................... 3
CAPÍTULO 2 - CLANES EN GUERRA ............................................. 13
CAPÍTULO 3 - LAS DOS CORTES IMPERIALES ........................... 25
CAPÍTULO 4 – JAPÓN EDO: PRIMERA PARTE-1603-38 ............... 36
CAPÍTULO 5 - PERÍODO EDO: PARTE DOS-1638 A 1868 ............ 47
CAPÍTULO 6 - LA RESTAURACIÓN MEIJI .................................... 60
CAPÍTULO 7 - RELACIONES EXTERIORES .................................. 70
CAPÍTULO 8 - LA ERA TAISHO ....................................................... 82
CAPÍTULO 9 - LA ERA SHOWA ....................................................... 91
CAPÍTULO 10 - JAPÓN EN LA SEGUNDA GUERRA MUNDIAL Y SUS SECUELAS ............................................................................. 100
CAPÍTULO 11 – LA ERA HEISEI .................................................... 115
CONCLUSIÓN .................................................................................. 122
REFERENCIAS ................................................................................. 125

# Introducción

Provenían de todos los ámbitos de la vida, clases sociales y religiones, pero estaban unidos por su insaciable sed de libertad. Armados con un coraje inquebrantable, vinieron hacia una nueva tierra del sudeste asiático, a través de China y por puentes terrestres. Al igual que con todas las culturas primitivas, los primeros japoneses se dividieron en clanes, se unieron por seguridad y construyeron granjas. No estaban solos. Ya había una colección de tribus indígenas, cuyo origen exacto se desconoce. Una vez que las aguas de los glaciares retrocedieron, creando el mar de Japón, el país naciente quedó solo y separado de China y el resto de Asia. En el primer siglo, Japón se desarrolló independientemente de China continental, pero más tarde hubo inmigrantes chinos.

Japón es uno de los países que más se adaptan en el mundo. Puede hacer un cambio muy rápido, incluso después de crisis que detendrían el progreso de otras naciones. Cuando los shogunatos colapsaron en el siglo XVII, el sistema feudal se desintegró. Sin embargo, al cabo de un año, los ferrocarriles reemplazaron los carros de bueyes. Durante la Primera Guerra Mundial, una economía de primer nivel surgió en tierras de cultivo desiertas. Durante la Segunda Guerra Mundial, las modestas islas de Japón florecieron en un imperio con una de la armada más poderosa del mundo. Después de la devastación de esa guerra mundial, Japón emergió como uno de los países más modernos del mundo. Los japoneses han sobrevivido a frecuentes terremotos y tsunamis y reconstruyeron sus ciudades utilizando tecnologías envidiables.

Los japoneses progresaron a lo largo de las eras gracias al emperador, pero también progresaron a pesar de él. Este es un pueblo que nunca deja de lado su historia sagrada, y su historia se cuenta una y otra vez en el arte, el cine, la literatura e incluso las novelas gráficas en todo el mundo. Para muchos en el mundo occidental de hoy términos como shogun, samurái, haiku, anime y manga son familiares. Los occidentales también aprenden arreglos florales, artes marciales, meditación y disfrutan de una variedad de formas de arte visual y digital gracias a la cultura única de Japón.

# Capítulo 1 - Hijos del Sol

Caminaron penosamente hacia algunas de las 4.000 islas a través de puentes terrestres asiáticos que flotaban sobre los mares hacia el final de la era de los glaciares. El archipiélago que forma Japón tiene solo cuatro islas considerables, Hokkaido en el norte, Honshu (anteriormente llamada "Yamato") en la región central, y al sur, Shikoku y Kyushu. El viento del norte es frío y seco, originario del continente asiático. Los instrumentos de la era paleolítica de hace unos 20.000 años son similares a los encontrados en Manchuria y Mongolia. El viento del sur trae los tifones, ya que están condicionados por la Corriente de Japón, o Kuroshio, que proviene de los trópicos y la Corriente de Oyashio, que es una corriente fría de Siberia que sopla hacia el sur. Los que llegaron a Japón encontraron un país de colinas y montañas con quinientos volcanes, aunque solo unos cien están actualmente activos, el más famoso de los cuales es el Monte Fuji, que domina muchas pinturas japonesas.

El pueblo ainu de Japón se estableció principalmente en Hokkaido, ya que el resto del archipiélago estaba bajo el agua durante el deshielo de los glaciares. Su apariencia era proto-caucásica o mongoloide, y los varones tenían barbas largas. Algunos de los individuos ainu incluso tenían ojos azules. Según la leyenda japonesa, "vivieron en este lugar cien mil años antes de que llegaran los Hijos del Sol". El término "hijos del sol" se refiere al pueblo del período Yayoi en el siglo III a. C. Esto se corresponde con la crónica dinástica china, la *Historia del Reino Wei*, compilada en el año 300 d. C. Cuando Japón se pobló más, los ainu fueron discriminados, ya que eran muy diferentes en su apariencia y prácticas culturales. Hoy quedan unos 25.000 de ellos, pero la mayoría son de raza mixta por los matrimonios mixtos a lo largo de los años.

El período Jomon se extendió desde alrededor de los años 14.000 al 1000 a. C. Algunos arqueólogos indican que el pueblo ainu eran los restos de la civilización Jomon, aunque otros indican que precedieron al período Jomon. Es posible que los ainu se originaran en las estepas del norte, mientras que los jomones vinieron del Pacífico Sur. El pueblo jomon era animista que adoraba la naturaleza, no por miedo sino por respeto. Eso se debió a que su supervivencia dependía de la tierra. Eran más bajos en estatura y más oscuros que los ainu del norte. Los jomones juntaban nueces y raíces, y cazaban y consumían mariscos. Vivían en pequeños asentamientos de casas redondas con techo de paja hundidas dos pies en el suelo. Un fuego crepitaba en medio de sus viviendas, y el humo salía por una abertura circular en los techos. Este pueblo es conocido por la "cerámica de cordón", que tenía forma de bulbosa e impresa con cordones que formaban diseños. Algunas ollas de barro estaban medio enterradas y se usaban para almacenar o cocinar, mientras que otras las usaban con fines religiosos.

El período de Yayoi vino después y se dice que data de los años 1000 a. C. a 300 d. C. Los pueblos que vinieron durante ese tiempo probablemente emigraron de China. Trajeron consigo el conocimiento de los arrozales con regadío y vivían en unidades muy cercanas unas de otras con líderes propios. Mientras que algunas casas estaban a nivel del suelo, la mayoría se elevaban por encima de los húmedos campos. Usaban decoraciones y armas de bronce, incluidas lanzas, espadas, espejos y campanas. En el centro de Honshu, se encontraron enormes campanas, pero no tenían badajos, por lo que probablemente se las golpeaba desde el exterior como parte de una ceremonia. Dichas campanas no se encontraron más al sur de esa zona.

El período Kofun duró de aproximadamente del 300 al 538 d. C. Estos pueblos eran más aristocráticos y de naturaleza más militante. Tenían espadas, cascos y escudos, así como armaduras y caballos. Algunos arqueólogos especulan que esta ola de inmigración vino de Corea. Los muertos eran tratados con más sofisticación que en períodos anteriores, donde los cuerpos se enterraban en posición fetal sin ataúdes. El pueblo de Kofun enterraba a sus muertos en enormes vasijas de barro y colocaba montículos sobre las tumbas. Más tarde, cavaron tumbas de piedra. Sus líderes eran llamados emperadores, un término que fue tomado de China una vez que se familiarizaron unos con otros y que se aplicó retroactivamente a los gobernantes anteriores. Esta posición era hereditaria, y se consideraba que el emperador era de origen divino. Usaron sus poderes de persuasión para unir a los muchos clanes bajo su poder, y también usaron su poderío militar.

Durante ese período la sociedad se dividía en clanes hereditarios o grupos familiares llamados *uji*. Los uji de los clanes más poderosos eran conocidos como *omi* para distinguirse de los aristócratas que estaban más distantemente relacionados con la realeza. Ciertos clanes tenían un gran poder en Japón, y serían similares a las familias aristocráticas de las culturas occidentales, que quizás no pertenecieran a la realeza, pero aún ejercían mucha influencia sobre la corte y sus decisiones. En el futuro, los clanes en Japón tendrían más poder que aun el mismo emperador.

**Japón Asuka**

El período de Kofun fue seguido por el período de Asuka, que se extendió de 538 a 710 EC. Los anales de la antigua China llamaban a Japón la "tierra de Wa (o "Wei")". "Wa" es una palabra despectiva en chino para "enano", y los chinos consideraban al pueblo de Japón inferiores a ellos.

Los *uji* fueron separados en grupos ocupacionales. Por ejemplo, algunos grupos estaban a cargo de ceremonias rituales y funciones sacerdotales, mientras que otros se encargaban de asuntos del estado. Las fuerzas laborales compusieron el nivel inferior, compuesto principalmente por artesanos expertos, pescadores, tejedores, cazadores, fabricantes de cerámica y similares. Los grupos más bajos fueron los plebeyos y esclavos.

Como era de esperar, los plebeyos, eran pobres, sin educación y cultivaban la tierra para ganarse la vida. Sin embargo, los monjes viajaban a China para hacer proselitismo y trajeron a Japón el papel de arroz. Los niños pequeños no eran bendecidos con juguetes, por lo que se desarrolló el arte del origami. Un niño aprendía a hacer sillas, mesas, personas, pájaros y cosas similares. Luego jugaban con esas creaciones como una niña juega con sus muñecas en una casa de muñecas.

La mayoría de la gente cultivaba su arroz y plantaba sus vegetales, junto con algunos para sus señores, o los príncipes de las provincias y pueblos. Los esclavos representaban solo alrededor del cinco por ciento de la población.

En cuanto al matrimonio, todos los hijos se consideraban legítimos independientemente de si habían nacido de la esposa de su padre o de una concubina. Por lo general, los matrimonios eran monógamos.

**Mitología**

En Japón, los primeros dioses estaban relacionados, siendo Izanami e Izanagi, hermana y hermano. Se creía que ellos sumergieron su lanza sagrada en las aguas y crearon las islas de Japón. Amaterasu era la diosa del sol, y Tsukuyomi el dios de la luna. Un espejo de bronce encontrado entre los restos arqueológicos representaba la diosa del sol, y una joya redonda representaba al dios de la luna. Tsukuyomi era el enemigo de los emperadores, de quienes se dice que surgieron en 660 a. C., pero la fecha es muy arbitraria ya que los mitos sobre la creación han sido sometidos a revisiones continuas. Las historias japonesas sobre la creación tienden a explicar eventos naturales o acontecimientos de personas notables, como los emperadores.

Según la leyenda, el primer emperador de Japón se llamaba Jimmu Tenno. La sede del estado imperial era Yamato (Honshu). Alrededor de 270 d. C., el pueblo de Kyushu lo invadió y nombró a Ojin como el emperador. Fue renombrado Hachiman, el dios sintoísta de la guerra. Esta deificación de los emperadores continuaría hasta 1946.

**Sintoísmo**

La religión sintoísta fue la primera religión en Japón. Los miembros de esa secta eran animistas y tenían una serie de deidades. El sintoísmo abarcaba muchas prácticas, incluyendo el culto de los antepasados, los ritos de fertilidad y una reverencia por la naturaleza. El espíritu, llamado *kami*, residía en cada persona e incluso en objetos naturales, como un árbol o una cascada. Era como una esencia que habitaba todos los seres vivos. La religión sintoísta no tenía fundador, ni libros sagrados, ni santos, ni mártires. Los santuarios sintoístas eran simples, y todavía existen en todo Japón. Un santuario sintoísta es una estructura con pequeños escalones ascendentes y un techo picudo. En el interior hay objetos simbólicos como espejos de bronce o espadas. Hay cuencos colocados en el frente para lavarse, ya que el lavado es una forma de limpiar las impurezas, incluidas las espirituales. El sintoísmo fue y sigue siendo la religión más común en Japón. No entró en conflicto con otras religiones, sino que se mezcló con ellas.

**Budismo**

El budismo fue presentado oficialmente a Japón por Corea en el 552 d. C., aunque los orígenes del budismo se remontan mucho más atrás. Se cree que el budismo se originó en la India alrededor del primer milenio antes de Cristo y luego viajó a Nepal. El budismo se personificaba en Siddhartha Gautama, mejor conocido como el Buda, que significa el "Iluminado". Gautama no era una deidad; era humano. A lo largo de su vida, reflexionó sobre la condición humana y descubrió que estaba asociada con el sufrimiento, lo que daría lugar al deseo. Para alcanzar un estado de verdadera felicidad y paz, que se llama Nirvana, es necesario deshacerse de los deseos terrenales. Por lo tanto, uno tiene que seguir un camino óctuple que consiste en la correcta comprensión, pensamiento, discurso, conducta, sustento, esfuerzo, atención plena y concentración. Es una religión que enfatiza la conducta ética (*sila*), la disciplina mental (*samadhi*) y la sabiduría (*panna*). Existen numerosos templos budistas en Japón, pero el templo de Horyu-ji es reconocido como la estructura de madera más antigua del mundo. También es uno de los templos más bellos de todo Japón. Hoy, es un complejo que consta de un monasterio, biblioteca, salas de conferencias, refectorio y una pagoda de cinco pisos. Hoy, el budismo es la segunda religión más grande en Japón.

La tradición japonesa del budismo se conoce como el budismo Mahayana, y sus seguidores creen en los bodhisattvas, que son seres espirituales que han pospuesto su estado de dicha eterna para ayudar a los humanos en el camino de la salvación. Al final de los tiempos, creen que un bodhisattva, llamado Miroku o Maitreya Buda, vendrá para salvar a la humanidad y llevarla a un estado de pureza y paraíso. Este Buda refleja la figura de Cristo como se enseña en el cristianismo tradicional.

**El Clan Soga contra el Nakatomi**

Los *uji* en Yamato se separaron por el tema de adoptar el budismo o el sintoísmo. El clan Soga prefería establecer el budismo como la religión nacional, mientras que el clan Nakatomi preferiría el sintoísmo. El debate comenzó en 552 d. C. cuando el aliado japonés de Corea, Baekje, envió una imagen de Buda a la corte imperial. Cuando se produjo una epidemia, el emperador Kinmei ordenó que las imágenes budistas fueran destruidas junto con el templo Hoko-ji, también llamado templo Asuka-dera.

En 585, se produjo otra peste, y el emperador Yomei descubrió que algunos sacerdotes coreanos tenían dos imágenes del Buda, y que fueron arrojados a un foso. Cuando la peste persistió, el emperador ordenó que se restauraran las imágenes, después de lo cual cesó la peste. Los sacerdotes y monjas coreanos llegaron poco después, y el budismo comenzó a prosperar. La emperatriz Suiko, que reinó desde 592 hasta 628 d. C. y que era una devota budista, tenía un sobrino, el Príncipe Shotoku, que era un erudito y político. El Príncipe Shotoku era hijo del Emperador Yomei, y vivió desde el 574 hasta 622 d. C. y escribió un comentario sobre el budismo llamado *Śrīmālādevī Siṃhanāda Sūtra*. Un sutra es un aforismo, o máxima, basado en una verdad reconocida. El término también se usa en las enseñanzas musulmanas e hindi.

**Confucionismo**

Confucio fue un erudito chino que desarrolló un código práctico para la comprensión correcta, el segundo principio del camino budista óctuple. Alguna gente percibe el confucionismo como una religión, pero es más un sistema de pensamiento correcto. Fue a partir de los estudios de Confucio que el Príncipe Shotoku creó la primera constitución de Japón en el año 604 d. C. Se instaló el Sistema de Clasificación de Doce Niveles y Rango del servicio civil, y ese fue un cambio importante para Japón. En este sistema, el rango se basaba en el mérito y el logro, en lugar de ser solo hereditario. Más adelante, este sistema inspiraría otros sistemas de límites y rangos.

**Relaciones con China**

El príncipe Shotoku, que fue un político importante durante el reinado de la emperatriz Suiko, sintió que era esencial que Japón estableciera buenas relaciones con China, por lo que envió catorce misiones a China. Su paso en falso ocurriría antes de la primera misión cuando enviara una carta a China. En esta carta, se dirigía a China como la tierra del sol poniente, mientras que llamaba a Japón la tierra del sol naciente. El emperador chino Yang Sui tomó esto como una ofensa, ya que estaba acostumbrado a que los extranjeros se presentaran como subordinados a China. Sin embargo, los monjes budistas y los expertos estadistas de Japón pudieron superar ese inconveniente, de modo que los dos países pudieron compartir el conocimiento y la tecnología de la época. Además, ahora se había creado un paradigma para el mantenimiento de la paz y el entendimiento con China y otros países del este asiático. Por supuesto, a lo largo de los años, ocasionalmente surgieron hostilidades que habían encontrado su equilibrio en la política y las políticas comerciales de otras naciones.

## El Clan Fujiwara (Nakatomi)

Uno de los principales clanes en Yamato era el Fujiwara. El término "Fujiwara" era el nombre revisado para el clan Nakatomi, y específicamente se opusieron al clan Soga debido a su apoyo incondicional al budismo. En el año 645, dieron un golpe de estado, que luego dio lugar a una nueva línea imperial. El primer emperador de esa línea fue el emperador Tenchi (o Tenji), y tomó el poder en el año 645 d. C. Tenchi aplicaría muchas reformas a la estructura jerárquica, llamadas Reformas Taika, y restableció la herencia como la base del linaje imperial; sin embargo, el mérito también fue honrado y esperado de los emperadores y las familias reales. El budismo se convirtió en la religión nacional, aunque se toleró el sintoísmo. El poder imperial se había fortalecido, y bajo el gobierno de Tenchi la burocracia era sofisticada.

## Las Reformas Taiko y el Código Taiho

En el año 645, el gobierno central realizaría muchos cambios generalizados basados en los sistemas chinos. La administración central se subdividió jerárquicamente y abolió la propiedad privada de la tierra. La tierra se nacionalizó a nombre del emperador y se repartió entre los hombres competentes. Se cobraron impuestos sobre granos, arroz y otros cultivos. A los niveles inferiores que no podían pagar esos impuestos se les dio un montón de tierra, que labrarían hasta cinco familias.

Según el Código Taiho de 702, se eliminaba el antiguo estado de las clases de élite exento de impuestos, pero la reforma fiscal se hizo muy gradual para evitar rebeliones. Hubo impuestos sobre cultivos, artesanías y textiles. Se exigió el servicio militar, pero se podrían sustituir por más pagos de impuestos. A pesar de que los cambios se introdujeron gradualmente, los impuestos sufridos por los agricultores eran muy pesados y produjeron dificultades. Generalmente, los impuestos se pagaban en forma de arroz u otro cultivo y, ocasionalmente, de cobre.

**Japón Nara 710-794 d. C.**

Durante este período, la capital se trasladó a Heijo, también conocida como Nara, ubicada en el centro-sur de Honshu. A medida que los japoneses aprendieron más del modelo de gobierno chino, diseñaron su nueva capital para parecerse a Chang'an (hoy Xi'an), una ciudad que gobernó como capital para muchas dinastías en China.

La política en Nara fue diseñada en torno a la vida de la corte. Durante este período, los emperadores progresivamente se debilitaron. Las rivalidades entre clanes usualmente resultaron en que un clan u otro ganara dominio sobre la escena política, pero los Fujiwara mantuvieron la mayor parte del control, aunque a veces tuvo sus caídas.

La nobleza estaba absorbida con el mantenimiento de las ceremonias rituales. Realizaron hermosas actuaciones de música y danza, algunas de las cuales eran importadas de China. Estas actuaciones eran extremadamente elaboradas, con trajes grandiosos y máscaras de fantasía.

El Código Taiho de 702 se actualizó al Código Yoro de 718. El Código Yoro fue una revisión del código básico con respecto a la administración gubernamental, pero también agregaba un código penal, un departamento de religión y una declaración afirmando la divinidad del emperador. Esos departamentos administraban los ritos religiosos del país y determinaban las sanciones por delitos.

Los gobiernos locales consistían en provincias, distritos y aldeas. A los que tenían cargos superiores se les asignaron grandes extensiones de tierra. Como resultado, surgieron propietarios que poseían grandes parcelas. Muchos aristócratas y órdenes monásticas estaban exentos de impuestos, y aunque reclamaron tierras no utilizadas para fines agrarios, se etiquetaron como propiedad del estado y tampoco estaban sujetas a impuestos. Estas tierras exentas de impuestos causaron dificultades para el resto de la población y representaron una carga aún mayor para los cultivadores comunes que durante la era Asuka del siglo VI. Esto estimuló la pobreza agraria y creó un segmento completo de vagabundos, que se llamaron *ronin*, aunque ese término más tarde evolucionó y su significado derivó en otra cosa.

Durante el período Nara del Japón, hubo una serie de desastres naturales, además de una epidemia de viruela que, combinada con los desastres, mató a una cuarta parte de la gente. El emperador de ese momento, Shomu, se culpó a sí mismo y sintió que su falta de religiosidad fue la causa de estas calamidades. Lo compensó construyendo el templo budista de Todai-ji. Ese santuario alberga la estatua de bronce del Buda más grande del mundo.

# Capítulo 2 - Clanes en Guerra

**Japón Heian 794-1185 d. C**

Nuevamente, se trasladó la capital de Japón, esta vez a Heian-kyo, o la Kioto actual en el centro-sur de Japón. El gobierno central de los tiempos de Heian estaba obsesionado con las observancias rituales. Las vestimentas se hicieron aún más elaboradas, e incluso hubo estrictas regulaciones con respecto a los colores de las túnicas que se suponía que debía usar la familia real.

A lo largo del período de Asuka hasta la era Heian, la propiedad exenta de impuestos siguió aumentando. Los campesinos ya no podían soportar la carga, por lo que los administradores elaboraron un nuevo sistema que se parecía al de los tiempos feudales. En virtud de este, a los campesinos se les permitía transferir sus tierras a un terrateniente a cambio de ser colocados bajo la condición del propietario libre de impuestos. Con esto, también recibieron protección contra ladrones y otros delincuentes. Esto se hizo como una simple cuestión de supervivencia económica y física.

Desde el siglo VII hasta el siglo X, ocasionalmente surgieron hostilidades en la zona norte de Japón, específicamente en la provincia de Mutsu, donde se habían establecido las tribus Emishi. Los etnólogos discuten sobre su relación con los pueblos indígenas de Japón, conocidos como los Ainu. Los etnólogos han propuesto que son uno solo y se remontan a tiempos prehistóricos. Sin embargo, esos pueblos tenían características raciales diferentes a las tribus que llegaron a Japón desde Asia. Por ejemplo, los varones Emishi se dejaban crecer barbas completas y tenían tonos de piel que diferían de los de la población japonesa. Los Emishi también se encontraban entre los jinetes más hábiles del mundo oriental. Muchos de los emishi rechazaron el poder del emperador y resistieron las estructuras pseudo-feudales que estaban surgiendo. Después de repetidos conflictos, muchos de ellos huyeron hacia el norte y se establecieron en Honshu, la isla más grande de Japón.

Otros pueblos en las islas de Japón siguieron los dictados del emperador, que era el jefe supremo del país. Cuando se hacía mayor, se retiraba, pero mantendría un impresionante poder si así lo deseaba. A menudo, los emperadores se llamaban "emperadores enclaustrados", ya que generalmente iban a los monasterios para retirarse.

A medida que el feudalismo se volvió más estructurado durante el siglo XII, los terratenientes y los señores designaron guerreros para proteger sus extensiones de tierra. Los jefes de estas tierras se llamaron "Comandantes en Jefe de la Fuerza Expedicionaria contra los Bárbaros", o *Sei-i Tashogun*. Sin embargo, la forma abreviada de ese nombre es la que se ha abierto paso hoy en la conciencia colectiva, shogun. Sus señores de la guerra secundarios eran conocidos como *daimyo*, y ejercían el poder sobre la función militar de los estados. Sus guerreros fueron llamados *bushi*, pero los occidentales los conocen comúnmente como samurái. *Ronin*, el término mencionado anteriormente que significa vagabundos, también se refería a aquellos samuráis que no tenían señor. Había un sinnúmero de razones por las que no tenían un amo, por ejemplo, la muerte o la pérdida del favor de su amo, o la pérdida de la condición de su amo. Algunos fieles samuráis optaron por cometer el suicidio ritual, conocido como harakiri (o seppuku), como un signo de su suprema lealtad a su amo. Otros deambularon por el país en busca de nuevos *daimyo* a quienes seguir. Por lo general, se consideraba que el shogun y el daimyo que contrataba a un *ronin* era menos poderoso.

Si bien la suposición general era que los *ronin* eran hombres honorables, este no fue siempre el caso. Debido a que un samurái sin amo prácticamente no tenía deberes que desempeñar y no tenía otras habilidades para emplearse, a menudo se convertía en un criminal. Otros ronin organizaron rebeliones para labrarse un territorio propio.

La población en estas áreas protegidas eran campesinos, que se dividían en agricultores, artesanos y comerciantes. Aunque los agricultores eran los más pobres y vestían solo de cáñamo, los artesanos y maestros artesanos estaban por debajo de ellos, y los comerciantes se consideraban una de las dos clases más bajas. Eran calificados en una clase baja porque se suponía que tenían una posición moral más baja debido a la codicia, la avaricia y la deshonestidad que a menudo manifestaban. Con el tiempo, los comerciantes se hicieron muy poderosos debido a su riqueza.

Por otro lado, los *burakumin*, constituían un grupo marginado en el fondo del orden social japonés. Estos eran gente considerada impura y estaba relegada a la mendicidad. Los más emprendedores entre ellos se convirtieron en artistas, como músicos, bailarines o artistas callejeros. Otros fueron contratados como verdugos o funerarios, ya que estas ocupaciones se consideraron contaminadas porque trataban con cadáveres. Los burakumin en realidad vivían en sus comunidades llamadas *buraku*, y la condición de ser parte de esta comunidad era hereditaria.

**El Samurái**

Un samurái era un guerrero altamente entrenado que formaba parte de la nobleza militar. Vivía de acuerdo con el Bushido, un conjunto de preceptos que dictaban cómo luchar con honor, obediencia y dignidad. El samurái había jurado lealtad al shogun, al daimyo y, en última instancia, al emperador. Un guerrero samurái comprometía su vida a esas autoridades, y al igual que los caballeros de la época medieval posterior en Europa, siempre se esforzaban por adherirse a la conducta caballeresca.

Ocho virtudes se especificaban en el Bushido:

Rectitud: esto significaba justicia y el apoyo a sus acciones.

Coraje: esto era más que una muestra de valentía. Era casi como una obediencia ciega a una creencia.

Cortesía: no era una cortesía superficial. Significaba una sensación de genuina empatía y respeto por los sentimientos de los demás.

Benevolencia: esto significaba tener misericordia y simpatía por aquellos que la necesitaban.

Honestidad: esto significaba franqueza en todos sus tratos.

Honor: se esperaba que un samurái hiciera lo que se le exigía, pero nunca disfrutar de la destrucción o la muerte para su bien propio.

Lealtad: se esperaba fidelidad al *daimyo* y al shogun, independientemente del pago o la recompensa.

Carácter: se esperaba que cada samurái manifestara una conducta moral en todos los aspectos de su vida, sin excepción.

El samurái aprendía el Bushido desde muy joven. Inicialmente, les enseñaban las artes militares de sus padres u otros miembros adultos de la familia. Luego se los transferían a la tutoría de un instructor de esgrima y otros con talentos específicos. Aprendían meditación y artes marciales, generalmente jiujitsu. Cada guerrero samurái se comprometía de por vida a defender al líder de la provincia, incluso hasta la muerte. Por supuesto, el propósito final de un código tan estricto era la preservación del shogun como el líder autocrático.

**Guerra de Clanes**

Básicamente, el período Heian se caracterizó por una guerra interna entre los clanes prominentes, los Fujiwara, los Tairo y los Minamoto. El pueblo Emishi siempre fue considerado como enemigo por todos los clanes. La mejor descripción de este período fue la era del guerrero.

Durante los tiempos de Heian, el gobierno central perdió progresivamente el poder porque los nobles y los jefes de los clanes confiscaron más tierras libres de impuestos, privando al gobierno de los impuestos necesarios para apoyar al país. A medida que el gobierno central declinaba, también lo hacía la cantidad de fuerzas militares imperiales necesarias para defensa. Para compensar eso, cada uno de los castillos pertenecientes a los líderes del clan empleó más y más samurái. Durante ese tiempo, hubo tres guerras que se libraron por el control de la tierra y su gente, la Guerra Zenkunen, o la Guerra de los primeros nueve años (1051 a 1063), la Guerra Gosannen o la Guerra posterior de tres años (1083 a 1089), y la Guerra Genpei (1180 a 1185).

La Guerra Zenkunen tuvo lugar en la provincia de Mutsu en Honshu y se libró entre el ejército imperial y el clan Abe, uno de los más antiguos de todo Japón y un retroceso al antiguo clan Yamato. Esta guerra fue desencadenada por la dura política fiscal del clan Abe, ya que ignoraron los deseos del gobernador, quien debería haber estado supervisando la región y recaudando impuestos. Con la ayuda de los clanes Minamoto y Kiyowara, el emperador Nijo mantuvo el control, y el clan Abe perdió la guerra y se vio obligado a alterar su política fiscal.

La guerra de Gosannen se libró entre tres familias del clan Kiyohara: Masahira, Iehira y Narihira. El gobernador de la provincia de Mutsu intentó negociar con las familias, pero fue en vano. Entonces, el gobernador Minamoto no Yoshiie se vio obligado a usar sus propias fuerzas para detener la lucha, junto con la ayuda del clan Fujiwara. Como resultado, hubo una grave devastación de las tierras de cultivo en la provincia de Mutsu, seguida de una escasez de alimentos.

**La Guerra Genpei**

Durante la era Heian tardía, las rivalidades entre clanes estaban en su apogeo cuando cada uno luchaba por el poder, a saber, los clanes

Taira y Minamoto. En 1160, un general belicoso llamado Taira no Kiyomori del clan Taira gobernaba Kioto y había establecido un gobierno de su creación totalmente dirigido por samuráis. Kiyomori quería expandir sus dominios, para lo cual colocó a su nieto de dos años, Antoku, en el trono después de la abdicación del emperador Takakura y trasladó el trono imperial de Kioto a Fukuhara-kyo. Al hacerlo, pudo mantener a la familia real bajo su control. Kiyomori tenía fama de ser un tirano, y era absolutamente despiadado. Incluso muchos de los samuráis bajo su mando tenían dudas sobre él.

En el año 1180, el conflicto llegó a un punto crítico. El hijo del exemperador Go-Shirakawa, Mochihito, sintió como si le hubieran negado su lugar legítimo en el trono y apoyó al otro poderoso clan de la época, el clan Minamoto. Minamoto no Yorimasa, un guerrero y poeta, junto con Mochihito, emitieron un llamado a las armas, que Kiyomori no apreciaría. Pidió el arresto de Mochihito, quien se refugió en un monasterio budista. En esos tiempos, Muchos monjes eran monjes guerreros; sin embargo, no demostraron ser lo suficientemente fuertes como para proteger a Yorimasa y a Mochihito. Entonces, abandonaron el monasterio y se fueron volando hasta llegar al río Uji. La sangrienta batalla continuó allí, pero las fuerzas de Minamoto no eran un rival para los Taira, a pesar del hecho de que habían desmontado el puente de madera sobre el río. El príncipe Mochihito inicialmente pudo escapar, pero poco después fue capturado y asesinado. Minamoto no Yorimasa se hizo harakiri, terminando así la batalla.

El general Yoritomo del clan Minamoto asumió el liderazgo del clan y persuadió a más clanes para que se aliaran con él, siendo el más influyente el clan Takeda. Mientras que Yoritomo y sus hombres atacaban desde el frente, el clan Takeda y otros a favor de Minamoto atacaron por la retaguardia. Esta estrategia funcionó, y el clan Minamoto finalmente logró tomar la delantera.

En septiembre de 1180, tuvo lugar la batalla de Ishibashiyama. Fue un ataque nocturno sorpresa contra los Minamoto, a quienes se unieron algunas de las fuerzas desilusionadas de los efectivos de los

Taira, con la esperanza de desmantelar el enorme ejército de Taira, que ascendía a cerca de 3.000 hombres. Pero sus esfuerzos fracasaron, ya que Minamoto solo tenía alrededor de 300 hombres, y así, el abrumador ejército de Taira pudo ganar.

La lucha continuó hasta el año siguiente, pero pronto cesaría. En la primavera de 1181, Taira no Kiyomori murió, y alrededor de esa misma época, Japón sufrió una hambruna. Los Taira intentaron atacar a un primo de Yoritomo, Minamoto no Yoshinaka, pero no tuvieron éxito. Este fue la última línea de acción en la Guerra Genpei durante casi dos años.

En la batalla de Kurikara en junio de 1183, finalmente los vientos soplaron a favor del clan Minamoto. Minamoto no Yoshinaka y Minamoto no Yukiie establecieron inteligentemente sus fuerzas de montaña de tal manera que su número parecía inmenso. Debido a que la mayor parte de la fuerza de Minamoto parecía ser un objetivo deseable, los Taira llegaron embravecidos a la montaña para atacar. Mientras ascendían, dos divisiones ocultas del ejército de Minamoto atacaron al ejército de los Taira en el centro y en la retaguardia. La estrategia fue extremadamente exitosa, y cambió el curso de la guerra en favor del clan Minamoto.

Los Minamoto tenían disputas intestinas que continuaron durante todo este período. Minamoto no Yoshinaka, que fuera un poderoso comandante en la Batalla de Kurikara, se estaba peleando con sus primos, Yoritomo y Yoshitsune, por el control del clan Minamoto. Yoshinaka y Yukiie conspiraron para establecer una nueva corte imperial en el norte, lejos de la influencia del clan Taira, pero antes de que eso pudiera suceder, Yukiie le contó sus planes al Emperador Go-Shirakawa. Como resultado, la traicionada Yoshinaka tomó el control de Kioto. En 1184, Yoshinaka quemó el templo budista en el que se escondía el emperador y lo detuvo. Yoshitsune pronto llegó, junto con su hermano Noriyori y una considerable fuerza, y en el río Uji, donde había tenido lugar una batalla anterior, los primos lucharon entre sí. Yoshinaka fue derrotado y asesinado.

Mientras ocurría esto, el clan Taira había obtenido la custodia del infante nieto de Kiyomori, Antoku, quien todavía detentaba oficialmente el trono. Lo acompañaba su abuela, y viajaban con las fuerzas de Taira.

En 1185, en la costa sur de Honshu, el clan Minamoto engañó al ejército de los Taira de modo que pensara que el próximo enfrentamiento sería una batalla terrestre. El subterfugio se logró haciendo que sus exploradores encendieran muchas hogueras en la orilla. No obstante, los Minamoto estaban enfocados hacia una batalla naval. Cuando las naves de los Taira se acercaron a las costas de Honshu en el estrecho de Shimonoseki, entre las islas de Honshu y Kyushu, el clan Minamoto las atacó. Inicialmente, la batalla favoreció a los Taira, pero los vientos cambiaron, y los Minamoto finalmente terminaron prevaleciendo. La mayor parte del éxito del clan Minamoto se debió a que un general llamado Taguchi desertó del bando de los Taira en medio de la intensa acción, ya que fue una batalla atroz con muchos combates cuerpo a cuerpo en las cubiertas de los buques. El emperador Antoku de seis años y su abuela perecieron, junto con muchos de los nobles de los Taira. Esta batalla, la Batalla de Dan-no-ura, fue una humillante derrota para el clan Taira, y con esta derrota, la Guerra Genpei estuvo casi ganada, allanando el camino para el establecimiento del shogunato Kamakura en 1185.

**Los Rollos Emaki**

La historia japonesa se registró en rollos de seda llamados *emaki,* que se sostienen horizontal o verticalmente. Algunos narran las historias sobre la Guerra Zenkunen o la Guerra Gosannen, mientras que otros cuentan historias sobre figuras notables. Uno de los pergaminos más notables cuenta la historia de Sugawara no Michizane, un erudito que estaba absorto en los estudios de los clásicos chinos. Fue nombrado gobernador de la provincia de Sanuki, y durante su tiempo en este puesto, Michizane intervino para ayudar con el incidente de Ako. Este incidente fue entre el emperador Uda, que reinó entre los años 887 a 897, y Fujiwara no

Mototsune sobre el papel de Mototsune en la corte después de que el emperador Uda ganara el trono. Michizane ayudó al emperador Uda en el incidente, ayudándolo a recuperar el poder del clan Fujiwara. El emperador Uda nombró en posiciones clave en la corte a aquellos que no pertenecían al clan Fujiwara, incluido Michizane. Sin embargo, cuando Uda abdicara al trono, Michizane fue rodeado por enemigos del clan Fujiwara. Como resultado, Fujiwara no Tokihira ayudó a degradar a Michizane, quien murió en el exilio. Después de su muerte, ocurrieron muchos desastres en Japón, incluyendo el hambre y la peste. La gente supersticiosa lo deificó y erigió un santuario sintoísta en su nombre llamado Kitano Tenman-gu. El rollo de mano representando la caída de Michizane todavía existe y se exhibe en el Museo Watanabe en Tottori, Japón.

Uno de los poetas más citados del período Heian fue Ki no Tsurayuki. Sus poemas también fueron grabados e ilustrados en el *emaki*. Sus poemas eran cuasi religiosos y reverentes, y fueron muy populares en su época. Encapsularon facetas de la naturaleza, el romance o una experiencia humana profundamente emocional. Uno de esos poemas demuestra la profundidad de la experiencia humana:

> Una gota de rocío
>
> No es, mi corazón, en una flor
>
> Caído; todavía
>
> Con un soplo de brisa
>
> Mi inquietud se hace más profunda

Las mujeres poetas eran igualmente respetadas y abordaban los mismos temas, como este de Nakatsukasa: "Estas flores de cerezo que sigo viniendo a ver año tras año, oh niebla, no te levantes ahora y las escondas".

## Japón Kamakura 1185 – 1333

El sistema feudal se volvió más complejo durante el período Kamakura. En lugar de simplemente el *daimyo*, surgieron los alguaciles o gobernadores militares que se llamaban *shugo*, que cumplían una función judicial, y los administradores de la tierra que se llamaban *jito*. Los emperadores se volvieron menos poderosos durante este período, al igual que sus familias reales. El shogun ahora era esencialmente el jefe del cuerpo central de formulación de políticas, y una estructura de tipo militar impregnó los organismos gubernamentales.

En 1192, el primer shogun del período Kamakura, Minamoto no Yoritomo, tenía a su suegro, Hojo no Tokimasa del clan Hojo, que había ayudado en la victoria del clan Minamoto en la Batalla de Dan-no-ura, como su asesor. Irónicamente, el clan Hojo descendía de los Taira, pero no lucharon junto a sus antepasados. La hija de Tokimasa, Masako, se convirtió en regente de su pequeño hijo, Yoriie, después que muriera Yoritomo en 1199, lo que le dio al clan Hojo un gran poder.

El corazón de este shogunato estaba en Kamakura, que es una pintoresca ciudad costera en las afueras de la actual Tokio. Sin embargo, la capital real de Japón en ese momento era Kioto, y allí era donde se llevaban a cabo las funciones administrativas.

En 1266, Kublai Khan, el reconocido líder de los mongoles, ordenó que Japón se convirtiera en un vasallo de su gran imperio. Envió emisarios a Japón con esa orden, pero el Chinzei Bugyo, o el Comisionado de Defensa para Occidente, los expulsó, y eventualmente, los mongoles navegaron a Japón para comenzar una guerra. El samurái japonés ganó algunas batallas decisivas contra el gran khan, pero un tifón interfirió con el conflicto. Los mongoles se retiraron, pero Kublai Khan juró que regresaría.

Después de la retirada de Mongolia, el ejército de Kamakura trabajó de manera constante y construyó una impresionante muralla que rodea la Bahía de Hakata a lo largo de la actual Fukuoka, en la isla de Kyushu. En 1281, Kublai Khan regresó. Sin embargo, la gran muralla sobre el mar construida por los trabajadores de Kamakura limitó la lucha a la estrecha playa. La Batalla de Koan, también conocida como la Segunda Batalla de la Bahía de Hakata, se prolongó durante 53 días, pero un tifón volvió a interferir. Del mar fluían arroyos desbordados, y miles de marineros y soldados chinos y mongoles y sus mercenarias tropas coreanas fueron absorbidos por la arena empapada y se hundieron en las profundidades del mar. El khan nunca regresó. Este puerto de Kyushu era muy accesible para los invasores extranjeros, pero debido a la muralla sobre el mar, ¡Japón pudo mantener a raya a los enemigos hasta 1945!

**Arte y Religión**

Aunque la literatura no sobresalió durante la era Kamakura, quedaron algunos objetos y rollos de ese período. Los rollos eran similares a los *emaki* del Japón, Heian, pero se adoptaron verdaderos medallones de individuos prominentes. Los rollos con esos retratos se llamaban *nise-e*. Uno de esos rollos, los "Fantasmas Hambrientos", describe las lecciones del budismo sobre los niveles del infierno. Estos eran dichos morales como: "La diferencia entre pasión y adicción es la que hay entre una chispa divina y una llama que incinera" y "si los sueños que tengo cada noche de color mora fueran reales, le revelaría mis sentimientos a él".

El budismo continuó su dominio en la era Kamakura. Surgieron cuatro ramas del budismo. La secta Tierra Pura indicaba que esa ferviente devoción al Buda Amida era suficiente para garantizar la salvación. La secta Jodo hacía énfasis la fe para lograr la salvación, y la secta Nichiren ponía énfasis el canto "Salve al Sutra del Loto de la Ley Maravillosa". La cuarta secta, y que todavía es muy popular hoy, es el Budismo Zen. Se requiere más esfuerzo de los seguidores del budismo zen que las demás, ya que, por ejemplo, enfatizan las etapas de concentración disciplinada durante la meditación.

La caída del régimen de Kamakura se caracteriza por el factor que explica las caídas de muchos regímenes, las luchas por el poder y el faccionalismo entre partidos rivales. El impulso más común para el dominio de un régimen sobre otro es la riqueza. Y a medida que las élites y los miembros de las familias reales compiten por porciones más grandes de la riqueza, las sociedades pueden corromperse y finalmente son absorbidas por su tolerancia consigo mismas. A medida que aumentaban los shogunes y el poder del *shugo* y el *jito*, el poder imperial disminuía.

# Capítulo 3 - Las Dos Cortes Imperiales

Debido a los disturbios producidos hacia el final del período Kamakura, el resentimiento del clan Hojo, que era el poder detrás de la administración en Japón, aumentó.

En 1331, el emperador Go-Daigo conspiró para derrocar al shogunato Kamakura, ya que había hecho que el militarismo fuera tan predominante en el país. Terminó con la práctica de tener emperadores enclaustrados y clamó por el control. Go-Daigo reunió a algunos funcionarios y miembros de la corte para que lo ayudaran, y luego reunió un ejército. Esto desencadenó la Guerra Genko, que se prolongaría hasta 1333. Inicialmente, Go-Daigo tuvo cierto éxito, pero las fuerzas del shogunato Kamakura se unieron, y Go-Daigo se vio obligado a huir a un monasterio en Kasagi. El clan Hojo asaltó el templo, pero Go-Daigo logró escapar. El ejército de Kakamura bajo Ashikaga Takauji fue enviado después tras él, pero cambió de lealtad y apoyó a Go-Daigo. Kioto se estableció entonces como la ciudad que poseía el poder imperial, y el shogunato de Kamakura fue desmantelado.

Go-Daigo continuó teniendo el control después de esta guerra y provocó lo que se conoció como la Restauración de Kenmu. Sin embargo, su aliado, Ashikaga Takauji, se convirtió en un tránsfuga y se nombró a sí mismo shogun. Tomó el poder en Kioto y pasó el poder imperial a Kogon, un miembro importante de la familia imperial. Go-Daigo mismo era un miembro menor de esa línea y trasladó su corte al sur a Yoshino en una zona montañosa.

Ahora había dos tribunales rivales, Kogon en el norte y Go-Daigo en el sur.

**Japón Ashikaga 1336 – 1573 d. C.**

En 1392, el tercer shogun Ashikaga, Yoshimitsu, invitó a Go-Daigo a regresar, prometiéndole compartir el poder con él. Sin embargo, Yoshimitsu nunca cumplió su promesa, y este período, el período Ashikaga, se caracterizó por la turbulencia política. Gradualmente, las facciones que apoyaron a Go-Daigo se desvanecieron. El hecho de que las diversas facciones intercambiaran control y poder prolongó la falta de liderazgo central y retrasó el progreso. El shogunato era la raíz principal del poder en Japón, y el país era prácticamente un tablero de ajedrez de las bases de poder del shogun. Debido a esto, algunos historiadores han llamado a este período las edades oscuras de Japón.

Los codiciosos *daimyos* se peleaban entre sí y formaban trozos de shoen más y más grandes, que eran tierras libres de impuestos. El acumular más de estas tierras, solo continuó socavando el poder del emperador y contribuyó al crecimiento de los clanes. En 1390, el clan Yamana poseía hasta once provincias solo para ser reducido a gobernar solo dos provincias después de repetidos conflictos con otros clanes. Dicho conflicto hizo que el país se pareciera a un patrón fragmentado de *daimyos* individuales. El samurái y el pueblo generalmente ignoraron la corte imperial y siguieron las órdenes de sus *daimyos* individuales, lo que llevó a descentralizar el poder central en el país.

Debido a los gravosos impuestos y la deshonestidad de los prestamistas, los campesinos se rebelaron en 1428. Esta rebelión, llamada levantamiento Shocho, tenía como objetivo principal la cancelación de la deuda. El shogunato Ashikaga no emitió la cancelación de la deuda, pero debido al importante saqueo, los campesinos aún lograron su objetivo ya que las pruebas de sus deudas habían sido destruidas. En 1441, la rebelión de los campesinos, llamada levantamiento Kakitsu, también tuvo éxito y contribuyó al debilitamiento del régimen de Ashikaga. Nuevamente, su objetivo era la cancelación de la deuda.

Las revueltas no solo estaban reservadas a la clase desfavorecida. Los monasterios budistas tenían estructuras similares a las divisiones feudales e incluso empleaban a sus propios guerreros samurái. Durante los siglos XIV y XV, los monjes se unieron a los campesinos contra el poder abrumador de los daimyos y shogunes. Los monjes budistas formaron pequeñas ligas compuestas por ellos mismos y campesinos oprimidos, llamados *Ikko-ikki*, siendo el significado de *ikko* resuelto. Estos grupos *Ikko-ikki* fueron una fuente frecuente de levantamientos violentos. Los grupos Ikko-ikki generalmente comenzaron como turbas, pero con el tiempo se volvieron más sofisticados, usando armaduras y armas. Se oponían al gobierno samurái, ya que los shogunes y sus tropas guerreras eran responsables de la mayoría de los impuestos.

**La Guerra Onin**

La guerra Onin estalló en 1467 por la sucesión del próximo shogun. En 1464, Ashikaga Yoshimasa, el shogun de la época se dio cuenta de que no tenía a nadie que lo sucediera, ya que no tenía heredero. Convenció a su hermano, Ashikaga Yoshimi, a abandonar la vida de monje y convertirse en su heredero. Sin embargo, al año siguiente Yoshimasa tuvo un hijo, cuestionando la línea de sucesión. La esposa de Yoshimasa, Hino Tomiko, no quería ceder el título de shogun a otra persona que no fuera su hijo, y contaba con el respaldo de poderosos clanes samurái, es decir, el clan de Yamana Sozen. Yoshimi, por otro lado, tenía el apoyo de un poderoso clan, el clan Hosokawa.

En 1467, la guerra se había vuelto bastante seria, ya que el ejército oriental de Hosokawa comenzó a enfrentarse al ejército occidental de Yamana. Estos ejércitos fueron igualados, y ambos tenían alrededor de 80.000 hombres cada uno. Se produjeron varias batallas, e incluso cuando Hosokawa y Yamana murieron en 1473, la lucha continuó. Si bien el clan Hosokawa ganó y pudo ubicar al hijo de Yoshimasa como el próximo shogun, no quedaba mucho de Kioto para gobernar. Como resultado de la Guerra Onin, una gran parte de Kioto fue destruida. Después de eso, se produjo el saqueo hasta que la ciudad quedó casi en ruinas. A excepción del más poderoso de los *daimyos*, la pobreza surgió aun en la familia imperial. ¡De hecho, el emperador Go-Nara (gobernador entre 1526 y 1557) se vio obligado a vender su caligrafía en las calles de Kioto!

**Comercio y Mercantilismo**

Si bien surgieron levantamientos políticos en varias provincias de Japón, las clases bajas tenían libertades como nunca antes habían experimentado. Surgieron pequeños y grandes centros urbanos, y se inició el comercio en este país aislado. Hubo comercio internacional con China y Corea. La dinastía Ming en China inició relaciones con Japón después de la derrota de los mongoles, y como resultado de esta expansión mercantil, Japón importó seda, libros, arte y productos de porcelana. Exportaron madera, perlas, oro, azufre, abanicos pintados y espadas.

**Arte y Cultura**

Mientras los samuráis y los shogunes se dedicaban a la guerra, la gente buscó algún tipo de alivio, y lo encontraron en los teatros y las artes.

*Noh*, que significa habilidad o talento, se refiere a una forma de arte específica que comenzara en el siglo XIV incorporando máscaras y disfraces en una actuación basada en la danza. Los actores suelen usar pelucas y máscaras faciales, o pintan sus rostros de blanco. Los temas para estas actuaciones incluyen acontecimientos religiosos e históricos, mundos sobrenaturales o alguna combinación de ambos.

La popularidad del teatro noh se desvaneció durante el período Heian, pero revivió durante el período Ashikaga. De hecho, todavía existen teatros *noh* en la actualidad.

En ese momento, otro aspecto importante de la cultura japonesa fue la cultura zen, que impulsó la expansión de las artes. Estas eran a menudo artes tangibles como la jardinería en miniatura, jardines zen que enfatizaban la simplicidad y el minimalismo, el cultivo de árboles enanos bonsái, arreglos florales y ceremonias del té.

**Oda Nobunaga: un Cuento de los Honorables y los Deshonrosos**

Oda Nobunaga (1534-1582) fue uno de los *daimyos* más poderosos durante este período de guerra del Japón. Era resuelto, ambicioso y despiadado. Una vez dijo: "¡Si el cucú no canta, lo mataré!"

A pesar de su crueldad, Nobunaga era el hombre adecuado para unir al Japón, que se había convertido en un país de mini reinos. Estaba decidido a librar al país de los clanes Takeda, Saito, Mori, Uesugi, Asakura, Asai y Hojo. El clan Hojo era un remanente del Japón Kamakura, y los otros eran clanes que aumentaron su fuerza a lo largo de los años. Nobunaga no era un modelo de la virtud Bushido. Cuando estaba en el proceso de conquistar el castillo de Takeda Katsuyori durante la Batalla de Nagashino en 1575, obligó a Katsuyori a salir, lo que iba en contra del código de cortesía y benevolencia Bushido que debería haberse mostrado hacia la cabeza de un castillo. Katsuyori luego huyó a la residencia de Oyamada, su criado, que también estaba entre los guerreros deshonrosos de aquellos tiempos traicioneros. Cuando Oyamada rechazó la entrada de Katsuyori, Katsuyori se hizo harakiri, demostrando así los principios Bushido de rectitud y lealtad. Del mismo modo, Asakura Yoshikage del clan Asakura se vio obligado a practicarse harakiri cuando su primo lo traicionó después de que Nobunaga derrotara a sus ejércitos y destrozara su castillo.

Los budistas no eran simplemente monjes absorbidos en la meditación diaria. Sus extensas propiedades y fuerzas de defensa eran una amenaza viable para el poder de Nobunaga. En el año 1571, él y sus tropas entraron al templo Enryakuji, destruyeron miles de edificios y masacraron a muchos de los monjes.

En 1574, Nobunaga sitió la gran fortaleza de Nagashima. Esta no era una fortaleza del shogunato; era una de las muchas fortificaciones construidas por los *Ikko-ikki*, es decir, las alianzas de guerreros/campesinos budistas. El fiel samurái de Nobunaga, Hashiba Hideyoshi, dirigió las cargas iniciales en el año 1576. Se suponía que debía ser reforzado por Akechi Mitsuhide, otro samurái que se había aliado con el I*kko-ikki*. Hideyoshi era un samurái con un extraño sentido de la estrategia en el campo de batalla, y la fortaleza Mori, Ishiyama Hongan-ji, fue tomada por Nobunaga con la ayuda de Hideyoshi. Finalmente, Nobunaga pudo asegurar esta fortaleza cortando completamente los suministros para el *Ikko-ikki*, y luego incendió todo el edificio. Akechi Mitsuhide nunca apareció para ayudarlos como lo había prometido. En cambio, conspiró contra Nobunaga y quiso eliminarlo.

Hideyoshi fue enviado a luchar contra el clan Takeda en la Batalla de Tedorigawa en 1577, haciéndolo con éxito. Nobunaga se declaró a sí mismo ministro y pasó un tiempo haciendo descansar a sus exhaustos guerreros en Honno-ji, un templo en Kioto.

En 1582, Mitsuhide atacó a Nobunaga en el templo de Honno-ji. Él y sus hombres separaron a Nobunaga de sus hombres y arrinconaron a Nobunaga y su pequeño grupo de hombres dentro del templo. Al ver que él y su pequeña unidad eran superados en número por los hombres de Mitsuhide, Nobunaga supo que el final estaba cerca. No quería que lo hicieran desfilar humillado ante una muchedumbre que se burlara de él, así que se practicó harakiri en una de las habitaciones interiores.

Sin embargo, Mitsuhide no estaba satisfecho con la eliminación de Nobunaga. El hijo y heredero de Nobunaga, Nobutada, estaba en la batalla en la fortaleza de Ishiyama cuando se enteró de la muerte de su padre. Mitsuhide persiguió y arrinconó a Nobutada en el castillo Nijo, pero Nobutada se practicó harakiri, según el Bushido.

Mitsuhide luego dio un golpe de estado contra el poderoso clan Oda. Su traición conmocionó a la corte imperial, que se negó a respaldarlo.

Hashiba Hideyoshi, el samurái de Nobunaga, se apresuró a vengarse de Mitsuhide y sus hombres en la Batalla de Yamazaki. En lugar de enfrentarlo en campo abierto, Mitsuhide tontamente hizo que sus hombres subieran al Monte Tennozan. Fue una subida peligrosa, pero pensó que el terreno más alto le daría ventaja. Estaba equivocado. Hashiba Hideyoshi traía con él arcabuces, que eran dispositivos que podían disparar múltiples flechas. Por lo tanto, aporreó a los guerreros de Mitsuhide, y se vieron obligados a descender de la montaña y trasladarse a una llanura abierta para continuar la batalla.

Cuando Hideyoshi comenzó a intentar un asalto frontal completo contra Mitsuhide y sus tropas, los guerreros se dispersaron aterrorizados, incluido el propio Mitsuhide, que estuvo a la altura de su mala reputación al abandonar sus tropas. Conoció su destino justo cuando huía hacia la ciudad de Ogurusu y fue asesinado por bandidos. Mitsuhide solo gobernó como shogun durante trece días.

**Toyotomi Hideyoshi (1537–1598)**

Por su coraje, el clan Fujiwara de élite le dio a Hashiba Hideyoshi el nombre del clan Toyotomi. Nombró a su hijo pequeño, Tsurumatsu, como heredero. Hideyoshi tenía un enfoque diferente al de su *daimyo*, Nobunaga, y cambió el famoso dicho del cucú de Nobunaga por este: "¡Si el cucú no canta, yo lo lograré!"

El castillo de Osaka fue construido en 1583 por Toyotomi Hideyoshi para celebrar su ascenso. Fue construido sobre la base del templo original *Ikko-ikki* de Ishiyama Hongan-ji. Cubría 86 acres y tenía numerosas torres decoradas.

Al igual que Nobunaga, Hideyoshi tenía como objetivo la reunificación japonesa. En 1585, se apoderó de la pequeña isla de Shikoku del líder revolucionario, Chosokabe Motochika. Él apreciaba esa isla ya que tenía el hermoso castillo de Nishinomiya. Ganar la batalla en Nishinomiya fue una victoria fácil, ya que Hideyoshi tenía 113.000 tropas contra las 40.000 de Motochika.

Hashiba Hidetsugu era uno de los generales samurái de Hideyoshi, y también era su sobrino. Hidetsugu era el aparente heredero de Hideyoshi después de la muerte de su hijo y su medio hermano. Hideyoshi confiaba en Hidetsugu por sus habilidades marciales. Sin embargo, cuando nació el siguiente hijo de Hideyoshi, Hideyori, Hideyoshi consideró que Hidetsugu era una amenaza potencial para su gobierno como regente imperial. Entonces, en 1593, después que Hidetsugu fuera acusado de conspirar contra Hideyoshi y su familia, Hideyoshi le ordenó a Hidetsugu que se practicase harakiri. Obedientemente, Hidetsugu y algunos de sus fieles samuráis lo acompañaron a la cima del Monte Koya, donde llevaron a cabo las órdenes de Hideyoshi. Sin embargo, Hideyoshi fue especialmente despiadado y ordenó que mataran a toda la familia de Hidetsugu, incluidos los hijos. Solo dos de sus hijas se salvaron.

Hideyoshi veía amenazas por todas partes, y su ambición ciega por una forma dictatorial de control, hizo que se volviera muy paranoico. En el Castillo de Osaka tenía un maestro de la ceremonia del té, Sen no Rikyu. Rikyu también era un poeta consumado, e hizo muchos cambios en la ceremonia del té e influyó en otros cambios culturales. Rikyu era muy popular entre la gente, y Hideyoshi sintió que este hombre modesto también era una amenaza. En el año 1591, le ordenó a Rikyu que se practicara harakiri. Mientras preparaba el ritual del harakiri, Rikyu celebró una ceremonia del té e invitó a sus amigos más cercanos. Después de que terminaron su té, donó una taza de té a cada uno. Luego tomó la suya y la estrelló contra la pared, diciendo: "Nunca más esta taza, contaminada por la desgracia, será utilizada por el hombre". Luego recitó un verso antes de suicidarse entregando su alma a la eternidad a través de Buda.

Hideyoshi también se sentía amenazado por el incipiente crecimiento del cristianismo y habló en contra de él. Hideyoshi había estado firmemente arraigado en las viejas tradiciones del Japón feudal, y veía cualquier cambio en la religión como otra amenaza potencial. A medida que Japón se abría al comercio y al mercantilismo del período Muromachi, o Ashikaga, algunos misioneros europeos llegaron desde España y Portugal. Muchos de los principales católicos huyeron bajo tierra durante el gobierno de Hideyoshi, pero hubo varios individuos notorios que fueron arrestados por las tropas de Hideyoshi. En el año 1597, ejecutó a 26 católicos confesos crucificándolos en Nagasaki. Se los llama los "veintiséis mártires de Japón", y se colocó una piedra conmemorativa donde derramaron su sangre.

Otra posible amenaza para Hideyoshi era el hijo menor de Oda Nobunaga, Nobukatsu. Uno de los grandes samuráis bajo Nobunaga fue Tokugawa Ieyasu. Ieyasu, como Hideyoshi, creía firmemente en la reunificación de Japón. Ieyasu realmente superaba a Hideyoshi y era su enemigo, pero esto fue solo durante un corto período.

En 1584, en la Batalla de Komaki y Nagakute, Tokugawa Ieyasu y Oda Nobukatsu hicieron la guerra contra Toyotomi Hideyoshi. La batalla terminó en un punto muerto, pero debilitó las fuerzas de Hideyoshi.

Ieyasu era un hombre inteligente y paciente, y no quería que una vez más Japón se desintegrara en un mosaico de pequeñas provincias. Por lo tanto, sugirió que Nobukatsu y Hideyoshi resolvieran sus diferencias, e Ieyasu se sometió a Hideyoshi como vasallo.

Hideyoshi tuvo un sueño desaconsejado de unir a China y Japón bajo su gobierno. Se había involucrado en dos intentos frustrados de conquistar Corea para forjar el camino a China, pero se vio obligado a retirarse de allí debido a una enfermedad, dejando que Ieyasu dirigiera las tropas, lo cual hizo en 1600 después de la muerte de Hideyoshi. Para estabilizar el futuro de Japón y evitar una crisis de sucesión, ya que su hijo tenía solo cinco años, Hideyoshi nombró un comité de cinco miembros de los clanes más poderosos, llamado el Consejo de los Cinco Ancianos, para tomar decisiones administrativas con respecto a la sucesión. En el castillo de Fushimi, ubicado a mitad de camino entre Kioto y Osaka, Toyotomi Hideyoshi murió en 1598. Hasta que pudieran determinar quién sería el mejor gobernante para liderar un Japón unificado, mantuvieron en secreto la muerte de Hideyoshi hasta 1603. Mientras Tokugawa Ieyasu fue el gobernante de facto de Japón desde 1600, no se hizo oficial hasta 1603.

**La Batalla de Sekigahara en 1600: Un Suceso Humorístico**

En 1600, Tokugawa Ieyasu tuvo que enfrentarse a combates con el clan Uesugi, cuyas tierras se estaban reduciendo progresivamente. Ansiando más tierras, se involucraron en rebeliones, incluso después de haber sido sofocados varias veces. Ieyasu residía en el Palacio de Osaka en ese momento, pero tuvo que dirigir sus fuerzas para someter al rebelde clan Uesugi. Mientras estaba fuera, sin embargo, el clan Mori junto con sus guerreros, Kobayakawa Hideaki, un sobrino de Hideyoshi, Mashita Nagamori y Ankokuji Ekei, formaron una alianza llamada Ejército Occidental y se apoderaron del Palacio de Osaka durante la ausencia de Ieyasu. Entonces, Ieyasu formó una alianza con algunos de los más poderosos *daimyos* y sostenedores como Fukushima Masanori, Ikoma Kazumasa y Oda Nagamasu, junto con sus fuerzas fieles. Este se llamó el Ejército del Este.

Las dos partes eran desiguales en cuanto a números. Ishida Mitsunari comandaba a 120.000 hombres del ejército occidental, mientras que Ieyasu solo tenía 75.000 hombres. Por lo tanto, esta batalla requeriría una gran estrategia, ya que la unidad de Japón estaba en juego.

Entre los guerreros había muchas dudas y una gran reticencia por parte de algunos clanes a luchar. Algunos confiaban en Ieyasu, mientras que otros no. Del mismo modo, algunos de los miembros del ejército enemigo tenían lealtades mixtas. Tan pronto como se iniciase la batalla, las unidades bajo el mando del general Otani Yoshitsugu del Ejército Oriental de Ieyasu lucharon ferozmente, pero se vieron obligadas a retirarse porque eran muy superadas en número. Mitsunari del ejército occidental era un mal líder y tenía sus tropas mal formadas. Entonces, después que Yoshitsugu se retirara, dejó una enorme brecha en las fuerzas de Mitsunari y esencialmente dividió al Ejército Occidental en dos. Fue entonces cuando las unidades de Ieyasu llegaron volando para llenar la brecha.

Desafortunadamente, el joven Mitsunari tenía su flanco izquierdo, en su mayoría del clan Mori, ubicados en las montañas. ¡Una de esas unidades, la de Mori Hidemoto, de 15.000 fuerzas, llegaron a sentarse para cenar! Por ende, no se unieron a la batalla.

Otra unidad del clan Mori bajo Hosokawa Yusai marchó deliberadamente de manera tan letárgica que demoraron a todas las demás unidades que los seguían. Eso les dio a los clanes al final de la columna suficiente tiempo para participar en pequeñas escaramuzas, en lugar de permanecer juntos con la principal fuerza occidental.

La unidad de Kobayakawa Hideaki al principio se había aliado al Ejército Occidental, pero a Hideaki también lo carcomía la indecisión. Tan es así que esperó para ver cómo iba la batalla y se cambió de bando cuando vio que las fuerzas de Mitsunari estaban confundidas y se volvieron caóticas. A medida que más unidades del Ejército Occidental de Mitsunari se separaban, muchos más miembros desertaban y se pasaban al lado de Ieyasu.

Como se podía predecir, Ieyasu y el Ejército del Este ganaron la batalla.

Ishida Mitsunari, el general del ejército occidental derrotado, fue decapitado en Kioto. Aparece en la novela de Clavell, *Shogun*, y en la película, *Sekigahara*, así como en los videojuegos *Guerreros Samurái y la Ambición de Nobunaga en Japón*.

# Capítulo 4 – Japón Edo: Primera Parte-1603-38

El periodo Edo, o el período Tokugawa, duró de 1603 a 1868. Fue durante ese tiempo que el shogunato Tokugawa, que fundara Ieyasu, gobernó Japón. El shogunato se estableció en la nueva capital de Edo, que más tarde se llamaría Tokio.

Ieyasu revisó la cita del cucú de Nobunaga y de Hideyoshi de modo que dijera: "Si el cucú no canta, espera por ello". Ieyasu se destacó por su paciencia y sentido de la oportunidad. Al igual que sus predecesores, quería un Japón unido; sin embargo, siempre esperaba el momento oportuno para atender los asuntos geopolíticos. Ambos, Hideyoshi y Nobunaga tenían como objetivo reunir a Japón y China. En cambio, Ieyasu, se ocupaba del país y la felicidad de su pueblo antes de considerar políticas expansionistas. Por lo tanto, pospuso el empleo de una campaña más agresiva para ganar tierras, lo que contribuyó a la longevidad de la era Tokugawa.

Ieyasu recordaba la era Muromachi, durante la cual había vivido, y la veía como un tiempo atroz y beligerante. Fue una época en que los resentimientos, las amargas rivalidades, las pérdidas y las penas habían alcanzado no solo a los militares, sino también al pueblo. Quería volver a unir a Japón y centró sus esfuerzos en hacerlo realidad introduciendo distracciones y oportunidades de avances culturales y literarios.

Incluso después de la Batalla de Sekigahara, Ieyasu consideró que las tierras privadas de los *daimyos* de ambos lados no debían ser confiscadas. Eso solo serviría para encender de nuevo las hostilidades y desencadenar la venganza. Así que, en cambio, dividió a Japón en dominios a cargo de los *daimyos*. Por supuesto, los clanes perdedores bajaron un peldaño en la jerarquía social, y no todos los clanes recibieron lo que querían, pero nadie se quedó sin un centavo.

Ieyasu también consideró que esta era una época donde se debía hacer énfasis en las artes y la cultura. Él quería que su pueblo se divirtiera, una vez más, sin temor a las incursiones militares.

**Los Centros de Placer de Edo**

En Edo, Ieyasu creó lo que se llamó el "Mundo Flotante", llamado así por el estilo de vida en busca de placer de Yoshiwara, el barrio rojo de Edo. En ese momento, las geishas eran muy populares, aunque para aclarar el error común de Occidente, las geishas no son prostitutas. Mientras que algunas prostitutas (especialmente las *oiran*, cuyo atuendo es similar al de una geisha) pueden referirse a sí mismas como geishas, las geishas entretienen a través de la danza, el arte y el canto, dependiendo de algo más que solo el sexo para entretener a los visitantes masculinos. Las adolescentes castas que bailaban por una paga, llamadas *odoriko*, también estuvieron presentes en ese momento, pero estaba prohibido tener relaciones sexuales con ellas. Se permitía la prostitución autorizada, como en todo Japón, y también se permitía la homosexualidad.

**Actuaciones Kabuki**

Kabuki era una forma de teatro y danza, algo más elaborada que el estilo noh. Fue creado por Izumo no Okuni, que era una mujer muy atractiva. Los actores, que al principio eran todas mujeres, se pintaban los rostros de blanco y en su mayor parte tocaban instrumentos musicales. Los atuendos estaban muy decorados y cuidadosamente construidos. Sus tocados eran enormes, y los actores usaban muchos kimonos y capas. Siempre usaban abanicos y podían transmitir una emoción específica. Sin embargo, el color azul no se usaba, ya que se lo consideraba negativo. Los actores de escena vestían de negro, por lo que el negro significaba que debían ser considerados invisibles. Estas actuaciones estaban de moda en el barrio rojo de Edo, e incluso en un determinado momento, el kabuki femenino fue prohibido por ser demasiado erótico.

A medida que pasaba el tiempo, los hombres comenzaron a participar en el kabuki. Primero, actuaron jóvenes adolescentes, pero como se los consideraba aptos para la prostitución y a menudo se volvían hacia ella, el shogunato también prohibió esta forma de kabuki. Luego, a mediados de la década de 1600, el kabuki masculino se hizo popular, donde los hombres interpretaban las partes femeninas y masculinas. El kabuki continuó prosperando durante muchos años y todavía se representa hoy

**Teatro de Marionetas Bunraku**

Aunque este tipo de actuación usa títeres, el *Bunraku* no fue creado para niños. El *Bunraku* cuenta una historia con un tema que solo los adultos pueden entender. Los títeres se llaman ningyo y tienen rostros blancos. El canto o la música, ya sea solo o una combinación de ambos, se reproduce en segundo plano durante estas actuaciones y se acompaña del rasgueo de un shamisen, que es un instrumento de tres cuerdas. El *Bunraku* todavía se representa hoy, y aunque las actuaciones disminuyeron después de la Segunda Guerra Mundial, parece que el Bunraku todavía tiene una larga historia por delante, ya que más gente se está interesando en preservar este arte.

**Preservación de la Estructura Feudal**

Al principio de la era Tokugawa, la estructura social de Japón se volvió muy rígida, ya que el país no podía entablar relaciones con otros países vecinos como Corea y China. Las guerras internas de los clanes habían disminuido, por lo que los samuráis tenían prácticamente poco que hacer excepto disfrutar de los centros de placer y entretenimiento. Como resultado, muchos se empobrecieron. Para sobrevivir, muchos samuráis trataron de incorporarse al sector empresarial. Sin embargo, aquellos samuráis y *daimyos* que no lo lograron, se endeudaron cada vez más y más.

La población también aumentó significativamente alrededor de las principales ciudades, como Kioto y Osaka. Los comerciantes aprovecharon al máximo eso y a menudo cobraban de más por sus bienes, lo que aumentaba la angustia de las clases bajas. Poco les quedaba para artículos lujosos e incluso para lo esencial.

Para resolver los problemas creados por el aumento de la población y la escasez de dinero, Ieyasu inició una serie de proyectos agrarios, como el riego y la fertilización, y aumentó la cantidad de tierras agrícolas disponibles. Los cultivos comerciales superaron a otros cultivos, y se estimuló la producción de tabaco, granos, caña de azúcar, arroz, algodón, sésamo y especias. A su vez, eso fomentó la fabricación relacionada con el uso de esos productos vegetales, como el vino de arroz, la ropa, el tejido y las prendas de algodón.

**La Llegada de Anjin**

Ieyasu intentó mantener a Japón lo más aislado posible, pero ese principio fue roto clandestinamente por algunos mercaderes que comerciaban con piratas. Sin embargo, esa no sería la única vez que este aislamiento se fracturara. En 1600, un inglés llamado William Adams llegó a la ciudad de Bungo (la actual Usuki). Adams trabajaba para la Compañía holandesa de las Indias Orientales, que se dedicaba al comercio internacional. Aunque Adams llegó enfermo y con fiebre, su presencia alarmó a los comerciantes, ya que no querían ninguna competencia de comerciantes extranjeros. Entonces, para deshacerse del problema, los comerciantes japoneses le dijeron a Ieyasu que Adams era deshonesto. De todos modos, a Ieyasu no le gustaban los extranjeros, por lo cual creyó a los comerciantes y arrojó a Adams a la cárcel junto con su enclenque tripulación, que fue ubicada en una celda diferente.

Más tarde, Ieyasu sacó a Adams de prisión y le preguntó por el motivo de su llegada. Puesto que Adams estaba familiarizado con los idiomas asiáticos, le respondió: "Somos un pueblo que busca la amistad con todas las naciones y que comerciamos en todos los países, trayendo dicha mercancía a medida que nuestro país ingresa a tierras extrañas en el camino del tráfico". Tokugawa Ieyasu hizo algunas preguntas más generales, pero se reservó lo que pensaba. Preocupado por el bienestar de su tripulación, Adams preguntó si podía verlos. Ieyasu accedió, y Adams se sintió aliviado cuando vio que su tripulación se sentía bien y estaba siendo tratada de manera justa.

Después de esa visita, Adams fue devuelto a prisión, pero más tarde, Ieyasu pidió reunirse con él nuevamente. Durante la entrevista, el shogun le pidió a Adams que le construyera un barco, ya que había visto los restos del barco de Adams y le pareció que podría ser útil tener uno. Adams le explicó que no era carpintero, pero que haría lo mejor que pudiera. Con la ayuda de algunos artesanos japoneses, Adams le construyó un barco a vela e Ieyasu quedó muy satisfecho. El shogun luego lo elevó al nivel de un samurái, diciendo que Williams Adams había muerto y que había nacido Miura Anjin. *Anjin* significa piloto y es el término náutico para aquellos marinos que guían a los puertos a los barcos más grandes. Esto significaba que Adams era libre de servir al shogunato e hizo que Adams dejara una viuda, dejándolo sin razón para no seguir en Japón.

En 1605, Ieyasu se retiró a favor de su hijo, Tokugawa Hidetada, aunque aún conservaba mucho poder en el shogunato. Esto le dio algo de tiempo para aprender del inglés, con el cual mantuvo muchas charlas. Anjin le enseñó al shogun algo de geometría y matemáticas básicas, educación a la que no había tenido acceso por a las políticas aislacionistas de Japón. Después de eso, Ieyasu aprobó que su hijo entablara relaciones con la Compañía holandesa de las Indias

Orientales, y más tarde, en 1613, abrieron el puerto de Hirado no solo a los holandeses, sino también a los ingleses y portugueses.

Hidetada permitió que se abrieran más centros comerciales internacionales en Kioto, Osaka, Nagasaki y Edo. Por lo tanto, llegaron al país más extranjeros y llevaron a cabo una gran cantidad de transacciones comerciales. Hidetada y los shogunes que le siguieron construyeron vías fluviales, y eventualmente autopistas, para permitir el transporte de mercancías. Además, se establecieron más centros de placer en otras importantes ciudades.

La integración de los holandeses, ingleses y portugueses con el pueblo japonés fue difícil. Los extranjeros eran ruidosos y ocasionalmente pendencieros. Además, no podían manejar los palillos y comían con los dedos. Los japoneses estaban horrorizados por sus modales y los llamaban "bar beerean", que significa "bárbaros", diciendo: "Comen con los dedos en lugar de con palillos como los que nosotros usamos. Muestran sus sentimientos sin ningún autocontrol".

Para mantener relaciones pacíficas y continuar con el próspero comercio, Hidetada no permitió que los comerciantes extranjeros se mezclaran con la población general del país, restringiéndolos al área alrededor de Hirado. Sin embargo, los portugueses también trajeron con ellos a misioneros, que ya se habían infiltrado en otras partes del país. Es cierto que convirtieron a algunos japoneses, pero no fueron un problema para Hidetada hasta que uno de sus *daimyos*, Arima Harunobu, un converso cristiano, se involucró en una conspiración.

**Edicto de Expulsión de los Cristianos**

Después que Harunobu perdiera algunas tierras en la Batalla de Sekigahara en 1600, sobornó a un asesor de Ieyasu (que podría no tener el shogun cuando se llevaron a cabo estas intrigas pero que tenía mucho poder en el shogunato) para que ejerciera su influencia en el shogunato, para que así pudiera recuperar algunos de los feudos que una vez tuvo en el Dominio Hinoe. La conspiración se volvió mucho más confusa cuando Harunobu planeó con otro converso cristiano llamado Okamoto Daihachi para lograr su objetivo. Cuando Daihachi no siguió adelante, Harunobu intentó conseguir un sacerdote jesuita para que lo ayudara. Eso tampoco funcionó, así que Harunobu le informó a Ieyasu sobre el plan. Ieyasu se enfureció porque esos cristianos estaban interfiriendo con la redistribución de la tierra sin su permiso. En 1612, Ieyasu hizo arrestar a Daihachi por su participación en el complot y lo condenó a muerte. Cuando vio los muchos cristianos que llegaban para la ejecución, Ieyasu se enfureció. Esta intromisión en los asuntos del shogunato hizo que Ieyasu prohibiera el cristianismo en todo el país. Harunobu fue exiliado y se le ordenó practicarse harakiri después de que se conociera toda la investigación. Sin embargo, Harunobu señaló que su religión le prohibía suicidarse, por lo que fue decapitado.

Lo que más contrarió a Ieyasu fue la asistencia de cristianos a las ejecuciones en las que morían criminales cristianos. En 1614, una vez dijo: "Si ellos ven a un compañero condenado, corren hacia él con alegría, se inclinan ante él y le hacen una reverencia. Ellos dicen que es la esencia de su creencia. Si esta no es una ley malvada, ¿entonces qué es?"

En junio de 1616, Tokugawa Ieyasu murió, pero su hijo siguió las políticas que su padre había promulgado. Otras ejecuciones de cristianos siguieron a esa.

**Las Ejecuciones de Cristianos**

En 1622, algunos misioneros y maestros católicos ingresaron a Japón ilegalmente desde Filipinas bajo el mando de un capitán católico japonés, Joachim. Los comerciantes holandeses se lo comunicaron al gobernador japonés de Nagasaki, y el barco fue capturado. Lograron liberar al buque, pero fue capturado una vez más. Los marineros fueron decapitados, y tres más, incluido Joachim, fueron quemados vivos

El gobernador entonces capturó a 52 monjes anglicanos que habían sido encarcelados, junto con otros 30 prisioneros. Fueron decapitados en la ciudad, incluidos tres niños. Treinta conversos de

Nagasaki también fueron decapitados o quemados en la hoguera. Las persecuciones a cristianos continuaron desde el año 1622 hasta el año 1637.

## Artes Marciales

Los ex samuráis retirados y desempleados pronto se dieron cuenta que los extranjeros en su país e incluso otros japoneses querían aprender artes marciales. Los Dojos, es decir, las escuelas de artes marciales surgieron alrededor de centros urbanos y pueblos. Enseñaban dos formas, el jiujitsu, que usa un arma corta o ninguna, y una forma modificada llamada kyudo, que usa arcos y flechas. Kano Jigoro fue un líder en la promoción de las artes marciales, no con fines de guerra, sino para resaltar el concepto que describió como hacer un "uso más eficiente de la energía mental y física". Eliminó las crueles técnicas de arrancar los ojos y el uso de anzuelos para herir a un oponente y, en cambio, enseñó a sus alumnos a aprender el arte de alterar el equilibrio de un oponente para ganar un combate. En ese momento, los luchadores de sumo, que probablemente eran *ronines* (un samurái sin amo), ya que necesitaban encontrar una fuente de ingresos, también aumentaron en popularidad.

## Arte en Bloques de Madera

Ukiyo-e es un tipo de arte constituido por bloques de madera. El término se traduce esencialmente como "pinturas del mundo flotante", el nombre que recibían los palacios de placer. El proceso requería de una serie de artesanos, el artista que las diseñaba, el artesano que copiaba la imagen en madera y la cortaba, el impresor que la entintaba y la presionaba sobre papel de arroz, o tela y el editor que imprimía y distribuía el trabajo. Estas hermosas impresiones se usaron mucho para decorar las paredes de los palacios de placer de Edo y en las casas de la élite. El escritor japonés Asai Ryoi escribiría brillantemente sobre este arte cuando describió el espíritu de las pinturas como "vivir solo para el momento, saborear la luna, la nieve, las flores de cerezo y las hojas de arce, cantar canciones, beber sake y divertirse solo flotando, como una calabaza llevada junto con la corriente del río: esto es lo que llamamos ukiyo".

Las primeras versiones eran monocromáticas, pero más tarde, se introdujo el color. La flora, la fauna y los paisajes eran temas típicos. A veces, los bloques constaban de solo caracteres japoneses bien escritos, pero también podían ser mucho más elaborados, con la introducción de formas como mujeres, guerreros y naturaleza. Los artesanos imprimían los bloques en papel de arroz o tela y hacían muchas impresiones, incluso de la misma imagen. Los bloques de madera también se utilizaron para imprimir diseños finos en abanicos plegables japoneses.

Ukiyo-e ayudó a desarrollar la percepción occidental de la obra de arte japonesa. A los europeos les gustaba tanto que se abrieron tiendas especializadas alrededor de los centros comerciales.

**Haiku**

El poeta más famoso del siglo XVII fue Matsuo Basho. El haiku, una forma de poesía, surgió durante ese tiempo y fue la forma principal utilizada por Basho, a quien se considera un maestro de la misma. El haiku tradicional se compone de diecisiete sílabas divididas en tres líneas de cinco sílabas, siete sílabas y cinco sílabas. Más tarde, los poetas desarrollaron variantes del haiku para que se amoldarían a otros idiomas, pero no se alejan demasiado o nada de la forma original. A continuación, se puede leer uno de los poemas de Basho.

Furu ike ya

kawazu tobikomu

mizu no oto

(En español:

Rompiendo el silencio

De un antiguo estanque,

Una rana saltó al agua...

Una profunda resonancia)

**La Rebelión de Shimabara**

La paz había reinado durante la mayor parte del reinado del shogunato Tokugawa, pero en 1637 se produjo un levantamiento. No se originó en los campesinos, como era de esperar, sino en un grupo de *ronines* contra el hijo de Matsukura Shigemasa, Daimyos Matsukura Katsuie, del Dominio Shimabara y Terasawa Katataka del Dominio Karatsu. Los Matsukura construyeron un magnífico palacio para ellos, y pronto incorporarían más. Sin embargo, la gente y los samuráis no tenían el dinero para financiar tales empresas debido a la hambruna y a los impuestos. Los campesinos católicos del clan Arima, desmantelados bajo el antiguo reinado de Hideyoshi, también se unieron a la rebelión bajo el liderazgo de Amakusa Shiro para protestar contra la prohibición del cristianismo.

Las fuerzas rebeldes se estacionaron en el castillo Hara en la región de Nagasaki, en el sur de Japón. Después de que se le unieran más gente descontenta, sus fuerzas crecieron hasta unos 40.000 hombres. El shogunato Tokugawa estaba alarmado, ya que sus propios ejércitos comenzaban a ser superados en número, y la rebelión parecía que podría prolongarse durante muchos meses. Por consiguiente, el shogunato bajo Tokugawa Iemitsu, el nieto de Ieyasu, buscó el apoyo de los comerciantes holandeses. Los holandeses en su mayoría eran protestantes, que se oponían a los católicos, y también les podían proporcionar armamentos, pólvora y cañones. Con esto, las fuerzas del shogunato llevaban una ventaja abrumadora.

En abril de 1638, los rebeldes se vieron obligados a retirarse a su cuartel general en el castillo Hara. Erigieron fortificaciones y reductos para evitar la entrada. Las fuerzas del shogun derribaron las fortificaciones y bombardearon el castillo, rodeándolo. Cuando los rebeldes se quedaron sin suministros, uno de sus líderes, Yamada Emosaku, traicionó a los suyos haciéndolo saber al shogunato, y el castillo fue invadido. Amakusa Shiro fue decapitado, y su cabeza se exhibió en la ciudad predominantemente católica de Nagasaki. El castillo fue quemado junto con todos los cuerpos de los muertos. Hoy, muchos turistas viajan a este sitio para ver las ruinas de este impresionante castillo.

Debido a que muchos de los comerciantes portugueses eran católicos y su llegada incluyó misioneros jesuitas, Portugal tenía prohibido comerciar con Japón y tuvo que irse. También se produjo una gran pérdida de población en Shimabara debido a esta revuelta, y los inmigrantes de otras áreas de Japón fueron invitados a la región para salvar la cosecha de arroz.

Como se podía predecir, la prohibición del cristianismo se hizo más estricta, y los cristianos restantes se vieron obligados a renunciar públicamente a su fe. Sin embargo, muchos de los cristianos buscaron refugio bajo tierra, convirtiéndose en lo que se conocería como "cristianos ocultos".

# Capítulo 5 - Período Edo: Parte Dos-1638 a 1868

**Del Aislacionismo al Internacionalismo**

Después de la rebelión de Shimabara, el clan Tokugawa se replegó sobre sí mismo e hizo de Japón un país aislado. Eran demasiado sensibles a la influencia extranjera, y la mayoría rompió relaciones con sus socios comerciales dentro del mismo país. Poco a poco, el shogun Tokugawa Iemitsu aumentó la política aislacionista de Japón al aprobar una serie de edictos entre los años 1633 y 1639 llamados *sakoku*. A los extranjeros no se les permitía ingresar al país, y a los japoneses comunes no se les permitía salir bajo pena de muerte. De hecho, los comerciantes japoneses que vivían en el extranjero la mayor parte del año, de repente se encontraron viviendo en otro país. Esta política duró más de 220 años y solo terminó después de 1853, cuando el comercio se abrió a América.

A medida que se aprobaban estos mandatos, los comerciantes extranjeros se iban, con la excepción de la Compañía holandesa y la Compañía holandesa de las Indias Orientales. Se les dijo que trasladaran sus casas comerciales a Dejima, una isla artificial en el puerto de Nagasaki. Sin embargo, para todos los efectos, allí permanecieron.

La era Genroku comenzó a finales de 1688 y terminó a principios de 1704. En ese momento, el emperador era Higashiyama, y el shogun, Tokugawa Tsunayoshi. El ministro japonés, Matsudaira Sadanobu, introdujo muchas reformas. Bajo este liderazgo, el crecimiento agrícola, urbano y poblacional aumentó y se expandió. Eso preparó el escenario para el internacionalismo y el progreso social. Una de las compañías de vanguardia es la famosa corporación Mitsui. Mitsui comenzó como una humilde pequeña tienda de ropa en 1673 bajo el nombre de Mitsikoshi, pero se expandió convirtiéndose en una empresa textil y luego en un grupo internacional de préstamos.

Todas las clases sociales se habían cansado de su sufrimiento autoimpuesto bajo un aislacionismo anticuado. Los campesinos todavía estaban muy gravados y no podían compartir la mayor riqueza creada por la proliferación de cultivos. Los comerciantes podían llevar a cabo sus negocios y acumular una gran riqueza, pero carecían de poder político y no podían contribuir a las decisiones relacionadas con su función en la sociedad, que era comerciar con el mundo. Los terratenientes más grandes dividieron sus tierras en propiedades más pequeñas cultivadas por una familia o clan, y con el tiempo, cada uno de los propietarios más pequeños se hizo más poderoso. Los *daimyos* y shogunes volvieron a ser ricos por las tierras con las que los premiaron en virtud de sus logros militares; sin embargo, carecían de un propósito, ya que no había más guerras por librar. Los samuráis y los militares tenían poco flujo de caja y enormes deudas. Eran los más estancados de todas las castas sociales, pero no permanecieron callados al respecto.

**Los Incendios en Edo**

Muchos *daimyos* optaron por mantener una residencia en Edo, así como otra en sus provincias, lo que también significaba que una gran cantidad de samuráis también estaban alojados en Edo. No solo eso, sino que los comerciantes y artesanos se mudaron a Edo en masa, creando un gran auge demográfico. Debido a eso, fue necesario construir más residencias, la mayoría de las cuales estaban en mal estado, para la gente que actuaba en el teatro, así como para bailarines, geishas y otros artistas. Las casas se construyeron muy juntas (aunque los *daimyos* y los samuráis disfrutaron un poco más de espacio que las otras clases), y los materiales de construcción, papel y madera facilitaron aún más la propagación de un posible incendio. No hacía falta mucho calor para encender un vigoroso incendio.

Además, en este momento, no ayudó que las regulaciones contra incendios fueran casi inexistentes. Aunque tenían un extintor de incendios rudimentario para la ciudad, no era lo suficientemente grande como para detener la propagación de un gran incendio. No había bomberos entrenados. En realidad, la mayoría de los bomberos no eran tales sino hombres que subían a grandes alturas para hacer reparaciones, y usaban el fuego para mostrar sus habilidades, de este modo propagando las llamas.

Los vientos en Edo eran cambiantes debido a las condiciones meteorológicas en el país, de modo que podían propagar los incendios a todas partes. Los pasillos entre los edificios solo agravaban este problema, ya que eran lo suficientemente estrechos como para crear "túneles de viento" entre los edificios construidos de forma endeble.

En 1657, se produjo el Gran incendio de Meireki que destruyó entre sesenta y setenta por ciento de Edo. ¡La leyenda dice que un sacerdote del templo lo había comenzado quemando un kimono maldito! Sin embargo, es muy posible que haya comenzado por accidente o la causa haya sido un incendio provocado. El problema de los incendios provocados fue tan grave durante el siglo XVII que el incendio provocado era castigado con la muerte. Sin embargo, a medida que el shogunato se volvió más inestable, el incendio provocado no hizo más que aumentar.

### El Terremoto y la Gran Erupción del Monte Fuji

Los fenómenos geológicos rompieron completamente el capullo japonés de aislamiento durante la era Edo debido a los incendios en Edo, un gran terremoto en Osaka en noviembre de 1707 y la erupción del monte Fuji en diciembre del mismo año. El terremoto, conocido como el terremoto de Hoei, fue el terremoto más fuerte en la historia de Japón hasta 2011. El terremoto en sí, así como el tsunami que provocó, causaron más de 5.000 víctimas y destruyeron 29.000 casas.

Además de comenzar el tsunami, algunos creen que el terremoto también desencadenó la erupción del monte Fuji perturbando la capa de magma debajo de la tierra, provocando la compresión del área que contiene el magma líquido. Cuando el magma fluyó bajo tierra, se mezcló con el otro magma que ya estaba bajo el monte Fuji. Los dos magmas tenían diferente consistencia, creando así una erupción más intensa llamada erupción de Plinio, que lleva ese nombre por Plinio el Joven, quien la describió en una carta después de la erupción del monte Vesubio en el 79 d. C. El magma continuó acumulándose bajo el monte Fuji, aumentando la presión antes de que las expulsiones piroclásticas hicieran volar enormes rocas por el aire, mientras que las ciudades y edificios debajo estaban cubiertos de profundas cenizas. El aire estaba lleno de humo negro, por lo que ni siquiera se podía ver el sol, y se tuvo que evacuar a la gente.

Hubo una serie de temblores intermitentes más pequeños al principio en la ladera sureste del monte Fuji antes de que ocurriera la explosión piroclástica. Miles de personas y sus hogares fueron destruidos. Al final, todo el lado suroeste del monte Fuji desapareció, dejando en su lugar el cráter Hoei.

**La Supervivencia Supera al Estancamiento**

La recuperación de los desastres geológicos puede verse como interrupciones desafiantes en el curso normal de la vida, y la erupción del monte Fuji sirvió como una llamada de atención. Japón estaba prácticamente dormido debido a su aislacionismo, pero el impacto psicológico de esta erupción llamó la atención de la gente sobre el hecho de que era necesario un cambio. La adaptación a las circunstancias cambiantes fue esencial para la supervivencia de Japón como nación en un mundo en constante evolución.

Durante la era Genroku del shogunato Tokugawa los japoneses señalaron el comienzo del fin de los vestigios de la antigua era Tokugawa. El Japón moderno estaba emergiendo, independientemente de cualquiera de los esfuerzos para aferrarse al feudalismo. Los campesinos habían organizado un levantamiento tras otro. Los samuráis, que se encontraban prácticamente desempleados, se levantaron y rompieron su adhesión a su estilo de vida anterior, sacudiéndose los grilletes de las subculturas militares. Estaban empobrecidos por la falta de guerras y de todos modos ya no querían librarlas. En cambio, se mudaron a otras áreas como empresarios, enseñando artes marciales y mercantilismo. Algunos incluso se convirtieron en burócratas con cierto poder dentro del gobierno.

Incluso los budistas contemplativos se mudaron al mundo del cambio social. Durante la Rebelión de Shimabara en 1637, los monjes lucharon junto a campesinos y ronines, y los plebeyos lucharon junto a samuráis y budistas.

La infraestructura también estaba lista para la llegada del Japón moderno, tenían ferrocarriles, carreteras y grandes centros urbanos en expansión. Las granjas estaban irrigadas, y los cultivos se producían y enviaban no solo dentro del país sino también al exterior.

**El Cobre Japonés Abre la Puerta de Japón al Mundo**

Durante el período Edo, los chinos y los coreanos descubrieron que el cobre japonés era muy superior al de China. En interés de una fuente de riqueza recién descubierta, el shogunato secuestrado rompió su larga tradición de aislacionismo. La exportación de cobre de Japón a China y Corea resultó en un intercambio de experiencias que Japón absorbió. Estos conocimientos no solo les ayudaron a perfeccionar su comercio del cobre, sino también otros conocimientos. Además, los textos y la literatura chinos llegaron a Japón, y el comercio comenzó a prosperar.

El inicio de una gran empresa comenzó invirtiendo en esta materia prima. En 1615, un monje budista llamado Sumitomo Masatomo abrió una librería para difundir las enseñanzas del budismo, pero luego invirtió en la extracción de cobre. Hoy se le conoce como el Grupo Sumitomo, que es una gran empresa de inversión financiera.

**Los Cuarenta y Siete Ronin**

El vínculo de Japón con cada clan durante los tiempos feudales se hizo más intenso debido a su aislamiento. Se esperaba que los samuráis fueran leales a su *daimyo* hasta que murieran. En el año 1701, Kamei Korechika y Asano Naganori, ambos funcionarios del shogunato, recibieron la orden de preparar una recepción para Kira Yoshinaka, un poderoso funcionario del shogunato de Tokugawa Tsunayoshi. La celebración se llevó a cabo en la ciudad sagrada de Edo, y se organizaron regalos, pero Yoshinaka los consideró inadecuados y se quejó amargamente. Naganori soportó la reprimenda estoicamente, pero Yoshinaka continuó acosándolo e insultándolo. En un momento, Naganori perdió los estribos, sacó una espada y le hizo un tajo a Yoshinaka. La herida fue leve, pero Yoshinaka se ofendió muchísimo. Iba contra el código de honor sacar una espada en Edo, y Yoshinaka fue implacable y exigió que Asano Naganori se hiciera harakiri.

Asano obedeció, dejando que sus propiedades se dividieran entre los otros señores y dejando atrás a 47 samuráis desempleados, que se convertirían en ronin después de su muerte. El líder de los ronin, Oishi Yoshio, que generalmente estaba borracho, juró vengarse de Kira Yoshinaka por este asesinato despiadado. Oishi persuadió a sus hombres para que atacaran, y durante dos años, planearon cuidadosamente un ataque contra la residencia de Yoshinaka con la intención de matarlo también. Encontraron a Yoshinaka, que se escondía en una cámara interior, y le hicieron saber sus intenciones, que venían como verdaderos samuráis para vengar la muerte de su amo, y le ofrecieron a Yoshinaka la muerte de un verdadero samurái: el harakiri. Sin embargo, Yoshinaka estaba demasiado asustado para hablar, y Oishi ordenó a sus hombres que lo inmovilizaran antes de cortarle la cabeza.

Llevar a cabo tal acto de venganza era ilegal en Edo, pero lo hicieron de todos modos para vengar a su amo, Naganori, dado que era totalmente aceptable de acuerdo con los preceptos del samurái. Los funcionarios del shogunato se reunieron para tratar el tema y sentenciaron a muerte al *ronin*. Sin embargo, para llegar a un compromiso, se pidió a los *ronin* que se hicieran el harakiri, en lugar de someterse a una ejecución criminal. Lo hicieron con gran ceremonia, que simbolizaba su lealtad, persistencia, sacrificio y honor. Esta historia se ha contado y vuelto a contar a lo largo de los siglos en obras de teatro, películas y libros.

**Las Reformas Kyoho de 1736**

Mientras que las enseñanzas del confucionismo impregnaron la mente y el espíritu japoneses, el confucionismo resaltaba la total falta de importancia del dinero. Por supuesto, el dinero es esencial para impulsar una economía hacia adelante, y esos ideales del confucionismo en la práctica no eran realistas en un país en crecimiento con una población en expansión. Sabiamente, los administradores gubernamentales hicieron reformas que permitieron un mayor crecimiento de los gremios mercantiles, así como el levantamiento de sanciones para la lectura de libros chinos y extranjeros que podrían usarse para expandir las habilidades, las técnicas médicas y las ciencias. Se prestó atención a métodos agrícolas más eficientes, incluida la apertura del Intercambio del Arroz Dojima. Esto también dio lugar a un mercado de valores. Sin embargo, era vulnerable a las condiciones del mercado, y a veces los precios caían. Sin embargo, eso alentó a los trabajadores a desarrollar otras habilidades y productos.

Se introdujo la monetización, especialmente desde que el descubrimiento del cobre le dio a la gente un medio de intercambio equitativo. Durante ese tiempo, se implementó una regla que establecía que cada *daimyo* tenía que mantener dos residencias, una en su comunidad de origen y otra en Edo. Esa práctica fue eliminada, ya que no solo requería que los *daimyos* mantuvieran dos casas, sino que también conllevaba la expectativa de que el *daimyo* debía viajar con la debida elegancia a Edo con extensos desfiles festivos de seguidores que llevaban todos los accesorios para la celebración.

### El Incidente del Río Horeki

En 1754, el gobierno central propuso un sistema de represas para las áreas que tendían a inundar tierras agrícolas preciosas. Inicialmente, la supervisión del proyecto fue otorgada al *daimyo* de la prefectura de Satsuma. Surgieron rivalidades entre clanes por esa decisión, pero fueron suprimidas. Aquellos a quienes no les gustaba el shogun Tokugawa, que era Ieshige, también sabotearon el proyecto. Además de ese inconveniente, el aumento de los costos de este proyecto condujo a severos períodos de escasez de alimentos. Debido al aislamiento de Japón, que los privó del conocimiento de las habilidades relacionadas con el control de inundaciones, el proyecto no fue tan efectivo. Sin embargo, sí indicó la gran necesidad de hacer algunas mejoras. En realidad, se hicieron durante la siguiente era, conocida como el período de Restauración Meiji.

### Las Reformas Kansei

Las Reformas Kansei fueron básicamente programas que establecieron el curso del crecimiento en la dirección inversa. Fueron diseñados por un estadista llamado Matsudaira Sadanobu, el principal consejero del shogun, Tokugawa Ienari. Su programa abogaba por un retorno a la obediencia más estricta a los principios del confucionismo. Los libros extranjeros estaban prohibidos, y los comerciantes extranjeros estaban severamente restringidos. Los comerciantes japoneses que generalmente viajaban al extranjero tenían prohibido hacerlo. De hecho, algunos de ellos ya estaban en el extranjero en ese momento, y cuando estas reformas entraron en práctica en 1787, quedaron varados en esos otros países hasta el final de las reformas en 1793.

**Se Rompe el Aislamiento**

La ubicación de Japón era considerada como un lugar sumamente apropiado para llevar a cabo el comercio por el resto del mundo. El hecho de que solo tuviera puertos de aguas profundas era tentador para los comerciantes extranjeros. Los pocos extranjeros que habían obtenido la entrada legal por razones diplomáticas y de otro tipo, dieron pie para que otros países iniciaran proyectos para abrir el país. Incluso los piratas chinos que comerciaban ilegalmente con basura japonesa en las costas contaban historias sobre la riqueza de materias primas y productos que no solo podrían impulsar la economía local del sudeste asiático, sino también impulsar el desarrollo de Japón.

**"Naves Negras del Malvado Mien"**[1]

Sin embargo, la política de sakoku, que negaba la entrada de extranjeros al país y a los japoneses comunes para abandonarlo, no terminaría con esta apertura del comercio. Se hicieron muchos intentos a lo largo de los años, pero el final de esa política fue gracias al comodoro Matthew Perry de la Marina de los EE. UU., que en junio de 1853 llegó a Yokosuka, ubicada al sur de Edo, con cuatro buques de guerra. La reacción inicial del sorprendido samurái japonés portando la espada en rudimentarios barcos de madera fue de miedo. Llamaron a esta armada nunca vista antes, "negra" y "malvada", lo que llevó a las naves a llamarse Barcos Negros. Con la llegada de los Barcos Negros, los japoneses de repente se dieron cuenta de que no tenían defensas para tal fuerza. Fue un rudo despertar para el shogunato.

Estados Unidos acababa de establecerse en el estado de California y quería alguna forma de reducir el monopolio europeo total del Océano Pacífico. Abrir Japón al comercio mundial sería la mejor manera de hacerlo. Perry fue enviado por el presidente de los Estados Unidos, Millard Fillmore, para hacer precisamente eso,

---

[1] *Mien*, traducida, significa apariencia.

incluso se le dio la autorización para usar la diplomacia de las cañoneras si fuera necesario.

Cuando Perry llegó a Yokosuka, ordenó a sus barcos que dirigieran sus cañones hacia la ciudad, ignorando cualquier demanda de salir o navegar hacia Nagasaki, el único puerto abierto a los extranjeros. Intentando intimidarlos, Perry les envió una bandera blanca y una carta diciendo que, si decidían luchar contra sus fuerzas, Estados Unidos los destruiría.

En ese momento, Tokugawa Ieyoshi estaba enfermo, por lo que no había nadie a cargo para tomar una decisión tan importante. En julio, un consejero de alto rango decidió aceptar la carta de Perry, a quien se le permitió llegar a la costa unos días después. Después de darles la carta, Perry les dijo a los delegados que regresaría al año siguiente para recibir su respuesta. La carta decía:

> Grande y buen amigo: Os envío esta carta pública en nombre del comodoro Matthew Perry que está visitando los dominios de vuestra majestad imperial. Le he ordenado al comodoro Perry que asegure a su majestad imperial que tengo los sentimientos más cordiales hacia la persona y el gobierno de vuestra majestad, y que no tengo otra intención al enviarlo a Japón que proponerle a vuestra majestad imperial que Estados Unidos y Japón vivan en amistad y tengan relaciones comerciales entre ambos.

Como un punto de poderosa persuasión, la carta de Perry mencionaba el hecho de que solo a China, Corea y los holandeses se les permitía comerciar con Japón. Como incentivo, la carta indicaba que Estados Unidos tenía bienes que Japón requería, como oro, piedras preciosas, plata y mercurio. La carta también declaraba que Estados Unidos estaría interesado en comprar carbón a los japoneses para sus barcos de vapor, junto con agua y provisiones.

El shogun y los principales líderes del shogunato Tokugawa ya habían decidido aceptar la oferta de EE. UU. Sin embargo, los miembros de los clanes gobernantes discutieron sobre dónde mantener conversaciones con los americanos, retrasando así todo el proceso de la negociación de un tratado. Finalmente, el sitio elegido fue Yokohama, y se construyó un edificio para manejar el incidente.

## El Tratado de Kanagawa

El comodoro Perry regresó a Japón en febrero de 1854, sin siquiera otorgar a los japoneses el año completo que había prometido. Esta vez, llegó con una gran flota de diez barcos y 1.600 hombres. El 8 de marzo, después de cierta resistencia inicial, a Perry se le permitió anclar en Kanagawa, cerca de Yokohama. Hayashi Akira sería el representante japonés de la corte imperial que hablaría con Perry. Después de aproximadamente un mes de negociaciones, el tratado se firmó el 31 de marzo de 1854, con el entendimiento de que seguirían más tratados. El tratado estipulaba que Japón 1) permitiría el acceso estadounidense a los puertos de Shimoda y Hakodate, 2) los japoneses ayudarían a los marineros estadounidenses naufragados si fuera necesario, 3) los barcos estadounidenses comprarían provisiones exclusivamente a Japón, 4) Estados Unidos abriría un consulado en Shimoda, y 5) se redactaría otro tratado oficial delineando más detalles.

Después de la Convención de Kanagawa, Estados Unidos le regaló a Japón una locomotora a vapor modelo, un dispositivo de telégrafo, aparatos agrícolas, güisqui, relojes, estufas y libros sobre los Estados Unidos. Los japoneses les dieron a los estadounidenses adornos de bronce, muebles decorados con laca dorada, artículos de porcelana, copas japonesas y una colección de conchas marinas en honor del comodoro Perry.

Aunque las negociaciones terminaron pacíficamente y el emperador Komei lo ratificó al año siguiente, el tratado no era realmente válido. El shogun, que tenía el poder real en Japón, no firmó el tratado ni tampoco sus representantes. Sin embargo, ese fue un punto que realmente nunca surgió, ya que se firmaron más tratados con los americanos y con otros países.

## El Tratado Harris

En 1858, Townsend Harris, un diplomático estadounidense, se reunió con funcionarios japoneses para negociar un tratado revisado llamado Tratado de Amistad y Comercio, también conocido como el Tratado de Harris. Este tratado abrió más puertos a los americanos, además de Shimoda y Hakodate: Nagasaki, Kanagawa, Niigata e Hyogo. A los estadounidenses se les permitía la libertad religiosa, se imponían aranceles a las exportaciones e importaciones de productos japoneses y estadounidenses, a Japón se le otorgó el estatus de "nación más favorecida" por parte de Estados Unidos, y se permitió a los representantes comerciales residir en las ciudades portuarias mencionadas.

En cinco años, Japón había firmado tratados con otros países occidentales. Sin embargo, estos tratados fueron a menudo injustos para los japoneses. Por ejemplo, los Tratados Ansei, que fueran firmados con los Estados Unidos, el Reino Unido, los Países Bajos, Francia y Rusia, eran vistos por los japoneses como una forma de forzar el imperialismo en su país. Japón otorgó a estas naciones el control de los aranceles sobre las importaciones, y sus diplomáticos estaban exentos de las leyes japonesas. Algunos japoneses atribuyeron estos términos injustos al uso de la diplomacia de las cañoneras, que era la amenaza de la guerra si un país no estaba de acuerdo con el poder más superior.

## Fin del Shogunato Tokugawa

Se produjeron horrendas desavenencias entre dos dominios, Satsuma y Choshu, cuando el shogunato Tokugawa no pudo oponerse a la apertura de Japón al mundo exterior. Esas dos provincias retrasaron la firma de tratados extranjeros, e incluso algunos de los samuráis predicaron activamente el regreso al aislamiento para preservar su antiguo sistema de shogunatos individuales y la adhesión a las prácticas tradicionales. Eso solo provocó a los campesinos japoneses y a los comerciantes cuyos negocios no podrían expandirse sin estos tratados.

El samurái más realista se habría dado cuenta de que sería imposible que Japón detuviera su progreso. Cuando Sir Harry Parkes, del Reino Unido, visitó Japón en 1865 para negociar un tratado, evitó deliberadamente acercarse a la corte del emperador y fue directamente a la sede judicial del país en Kioto. Sin embargo, cuando los consejeros del *daimyo* que mantenían el control de las provincias ultraconservadoras de Satsuma y Choshu fueron a Inglaterra, revirtieron su posición sobre el aislacionismo. Se dieron cuenta de que el enfoque tradicional del shogunato Tokugawa era ineficaz en el mundo del siglo XIX.

En 1866, moría Tokugawa Iemochi. Él había querido volver a la tradición, pero no pudo hacerlo, lo que demuestra que, para entonces el shogunato estaba muy debilitado. Su sucesor fue Tokugawa Yoshinobu, y muchos de los samuráis tradicionales más viejos esperaban que siguiera las instrucciones de su antecesor y restableciera las políticas aislacionistas del pasado.

Yoshinobu parecía que iba en la dirección correcta; construyó el shogunato, fortaleciendo el ejército, la armada y el gobierno. Pero las provincias de Satsuma y Choshu, junto con la provincia de Tosa, temían su creciente poder. Estaba claro que el pueblo estaba listo para un cambio, e incluso el emperador comenzó a emitir órdenes de las que el shogunato hubiera sido responsable en años anteriores. Por ejemplo, la "Orden de Expulsión de los Bárbaros" del emperador Komei en 1863 se cumplió, lo que incluso provocó ataques contra el shogunato.

Aunque el shogunato una vez más podía haber estado en el camino correcto hacia ser el poder dominante, las condiciones en Japón simplemente no eran las adecuadas para que eso sucediera. La alianza de las tres provincias quería que el shogun fuera asesinado (aunque, para ser justos, la provincia de Tosa solo quería que renunciara). En 1867, Yoshinobu renunció antes de que ocurriera algún incidente importante, dejando el poder del shogunato en manos del emperador.

# Capítulo 6 - La Restauración Meiji

El período Meiji, que duró de 1868 a 1912, fue un punto de inflexión para Japón. Fue a la vez político y socialmente traumático. Después que los conservadores de las provincias de Satsuma y Choshu regresaran de su visita a Inglaterra en 1866, se produjo un cambio radical. Dentro de las áreas de Satsuma y Choshu surgieron los reformadores, y sus asesores militares recomendaron que el emperador Komei y su hijo, el príncipe Mutsuhito, desafiaran al shogunato Tokugawa y restablecieran el prestigio a la línea imperial. Después de la muerte de Komei, el Príncipe Mutsuhito pasó a llamarse Emperador Meiji, y Edo pasó a llamarse "Tokio".

La necesidad de reformar la anticuada estructura administrativa y económica de Japón era crítica, y comenzaron a producirse rápidos cambios políticos y sociales. Fukuzawa Yukichi, un erudito consumado, visitó Europa y fundó la Universidad de Keio, ubicada en Tokio.

Japón era un país que respetaba su herencia, pero no se oponía a algunas modificaciones que les eran ajenas en áreas que no revolucionarían al país en todas sus facetas, y en la década de 1870, prevaleció un enfoque más pragmático. El confucionismo apoyó el hecho de que las élites de la sociedad deberían estar involucradas en las funciones administrativas y que el país debería estar dirigido por burócratas de alto rango que estaban más familiarizados con la forma en que debería funcionar el estado.

Confucio también afirmaba que el mercantilismo era una profesión "sucia" pero necesaria, por lo que los que trabajaban en el comercio no eran tan brillantes como los que elegían otras profesiones. Para rectificar esto, el ministro de finanzas, Matsukata Masayoshi, privatizó algunas de las industrias nacionales. Tal como estaban las cosas, algunas no eran rentables, pero los empresarios privados podían convertir esas organizaciones en entidades útiles.

Bajo estos ideales, se formó un nuevo gobierno progresista. Como parte de las reformas, se aprobó el Juramento de la Carta. Fue diseñado para amortiguar el golpe de cambios traumáticos repentinos mediante la incorporación de ideales más democráticos. El juramento de la Carta comprendía la creación de asambleas nacionales, la participación de todas las clases sociales en los asuntos japoneses, la búsqueda del conocimiento internacional en lugar de solo la historia japonesa y el cese de las "vestimentas malvadas". Las "vestimentas malvadas" se refieren a las vestimentas exigidas, como un moño y una trenza larga, para distinguir entre un samurái y un campesino, respectivamente. Se llamaron "malvadas" para informar incluso a los ignorantes de que estas prácticas eran del pasado y causarían la burla de aquellos que mantuvieran estas viejas costumbres. Los accesorios de ese tipo quedaron reservados a disfraces, ceremonias y representaciones históricas.

**Fin del Sistema Feudal**

El sistema social feudal se abolió en 1871 con la entrega de las propiedades de los *daimyos*. Nadie quedaría encerrado en vivir en una clase en particular durante toda su vida. Las tierras de los daimyos fueron "entregadas" al emperador en forma de nacionalización. Ya no se consideraban los dominios controlados por los antiguos *daimyos* Tokugawa como propiedad personal; en cambio, la tierra se dividió en prefecturas y subdivisiones. Los antiguos *daimyos* continuaron al frente de las tierras, quienes ahora eran considerados gobernadores, o se les dio generosas pensiones y se retiraron. El ejército ya no era liderado por los samuráis, y se exigía el servicio militar obligatorio a todos los varones sanos en sus veinte.

A los comerciantes les fue mejor durante este cambio, a pesar de que alguna vez fueron considerados la clase más baja. Se les permitió hacer crecer sus negocios, y muchos eran financieramente estables, habiendo otorgado préstamos a los samuráis y a otros miembros influyentes de la sociedad. El Grupo Sumitomo, la compañía minera de cobre mencionada anteriormente establecida durante la era Tokugawa, ahora podía aprovechar las tecnologías occidentales y extraer cobre de manera más económica. No solo eso, sino que más tarde adoptó procesos para obtener plata del mineral de cobre. El Grupo Sumitomo también participó en el negocio de importación y exportación y abrió un negocio de seda. Las nuevas libertades establecidas durante el período Meiji ayudaron a la compañía a expandirse a la banca, el carbón, el almacenaje y la inversión financiera. La corporación Mitsui, que también encontrara sus orígenes durante el período Tokugawa, durante este período abrió un gran banco. Hoy cuenta con unas diez filiales corporativas.

Una de las razones para el término "Restauración Meiji" se refiere al hecho de que el emperador fue "restaurado" a una posición suprema en el país en lugar de un shogun, como Tokugawa Ieyasu o Tokugawa Hidetada, detentando el poder. Una forma constitucional de gobierno parecía ser compatible con el país, que se había acostumbrado a un gobierno central con un líder solitario y un sistema viable donde todos tenían algún grado de representación. Sin embargo, hubo una serie de limitaciones sobre lo que hoy se consideran libertades democráticas. En lo que se refiere a la votación, solo los hombres de 25 años o más que pagaban al menos 15 yenes en impuestos pudieron votar. Eso limitó el número de votantes legales a solo el uno por ciento de la población.

Desde el período Heian Japón tenía un sistema de justicia funcionando, pero lo actualizaría en el período Meiji mediante el establecimiento del Ministerio de Justicia. La justicia penal abarcaba la administración de juicios y la imposición de sanciones. Existían cinco tribunales diferentes: el Tribunal Supremo, los tribunales superiores, los tribunales de distrito, los tribunales de familia y los tribunales sumarios (ley marcial). El nuevo gobierno administrativo estaba compuesto por la oficina de Asuntos Civiles para manejar los asuntos internos, asuntos exteriores, el ejército, la marina, la casa imperial, el Departamento de Justicia, proyectos de obras públicas y educación.

Durante la era anterior, tampoco se había prestado atención al importante papel de los militares, y muy poco se instituyó a través de mejoras tecnológicas. Por ejemplo, el transporte durante el período de aislamiento de Tokugawa era primitivo. El uso anticuado de carretas de bueyes, palanquines (una litera transportada por personas) o botes en el agua eran las formas tradicionales de llegar de un lugar a otro. Para ponerse al día con el resto del mundo desarrollado, se estableció una línea de ferrocarril entre Tokio y Yokohama, así como entre Osaka y Kioto. En 1868, Thomas Blake Glover, un comerciante escocés, introdujo en Nagasaki el "Duque de Hierro", una locomotora a vapor. Esta innovación fue extremadamente útil para llevar productos hacia y desde destinos internacionales, y los financistas británicos proporcionaron los fondos para el proyecto. En 1871, Edmund Morey, un ingeniero británico, tuvo un rol decisivo en la construcción de otro ferrocarril en la isla de Honshu. Hermann Rumschottel, un ingeniero alemán, supervisó la construcción de un sistema ferroviario en Kyushu. Dos líneas más fueron financiadas por el gobierno japonés y conectaron las principales ciudades de Japón entre sí y las mantenían la Compañía Ferroviaria Nipona.

La educación en el shogunato Tokugawa se limitó a las clases de élite, con escuelas dedicadas a las artes marciales para los samuráis. Con el anuncio del período Meiji, la educación se hizo obligatoria y se fundó un nuevo sistema basado en los de Estados Unidos y

Francia. En 1890, el emperador Meiji aprobó el "Rescripto Imperial sobre Educación", que presentaba los preceptos básicos de educación para el país. Las recomendaciones iniciales promovían los ideales confucionismo de conformidad y obediencia a la autoridad imperial, pero los líderes más liberales las modificaron para permitir una mayor democracia, responsabilidad personal y moralidad social. Con la ayuda de asesores, la administración Meiji estableció escuelas en templos budistas, así como en otros lugares para no budistas. Las antiguas escuelas feudales para entrenar a los samuráis fueron convertidas por los antiguos daimyos, que ahora se desempeñaban como gobernadores, y las transformaron en escuelas intermedias. Durante el período Tokugawa, existía una escuela imperial dirigida por el personal del shogunato, pero esta se transformó en lo que hoy es la Universidad de Tokio.

Se introdujeron mejoras a la reforma de las fuerzas armadas, en gran medida por las recomendaciones de los antiguos samuráis y de los líderes cívicos. El servicio militar de tres años se hizo obligatorio, y los Meiji adoptaron un modelo prusiano para su estructura e incluso adoptaron armamento moderno. Después de cierta resistencia, los samuráis fueron obligados a transferir sus lealtades, que alguna vez sintieron por sus shogunes, al emperador y los terratenientes feudales. Una sede central, la Oficina del Estado Mayor del Ejército Imperial Japonés, supervisaba el ejército recién formado. Se reclutaron constructores navales, algunos de los cuales eran extranjeros, y Japón trabajaría concienzudamente para construir una armada.

**Reorganización Gubernamental**

Después de la Rebelión de Satsuma de 1877, que en realidad fue más bien una guerra civil y que se discutirá con más detalle al comienzo del próximo capítulo, el gobierno sintió que había ejercido su control sobre la población. Luego se hizo hincapié en el refuerzo de la estabilidad interna, que preparara el escenario para el establecimiento de organismos gubernamentales. La modernización de la industria, que, en cierta medida, ya había comenzado, continuó floreciendo. Se formaron carteles para controlar determinadas industrias, y la política quedó relegada a los líderes apoyados por un equipo de administradores. Debido a que los pueblos Satsuma, Choshu y Tosa fueron los primeros en quebrar el shogunato Tokugawa, se convirtieron en los pueblos más poderosos en Japón, conservando muchos de los puestos administrativos para sí mismos. Como Japón estaba renovando por completo al gobierno, los primeros esfuerzos estuvieron dirigidos a eliminar los abusos de la era Tokugawa y a diseñar un marco sustituto para las clases sociales. Por lo tanto, los cambios fueron desorganizados y estuvieron en manos de un pequeño número de gente.

El "Movimiento por la Libertad y Derechos de los Pueblos" fue un grupo de base, cuyo propósito era evitar que el gobierno central se convirtiera en una asociación de un pequeño grupo de gente, en su mayoría de las provincias de Satsuma y Choshu. Este movimiento fue un esfuerzo por tener una voz en la formación de un nuevo gobierno.

**La Nueva Tendencia: los Partidos Políticos**

Varios líderes políticos influyentes lucharon por tener la supremacía en la formación de este nuevo gobierno. Por supuesto, el país entero comenzó sin un modelo para un enfoque coordinado. Era una colección de voces, cada una con su agenda.

*La Sociedad Pública para Patriotas*

Sin embargo, para fijar una dirección, surgieron líderes y se formaron partidos políticos. El primer partido se llamó Sociedad Pública para Patriotas, también llamado "Partido Liberal", y fue fundado por Itagaki Taisuke, Chiba Takusaburo, Eto Shimpei y Goto Shojiro.

Dos de las figuras políticas que iniciaron este partido fueron Itagaki Taisuke y Chiba Takusaburo. Uno de los objetivos más importantes de este partido fue la redacción de una constitución, estando Chiba

Takusaburo a cargo de redactar un borrador. Sin embargo, Chiba no fue la única persona que abogó por una constitución.

Este partido se formó en 1874 y puede considerarse el primer partido político de Japón. Aunque perdió fuerza en el camino, Taisuke lo revivió en la década de 1890.

*El Partido Progresista Constitucional*

En 1882, Okuma Shigenobu creó una estructura gubernamental similar al sistema parlamentario británico y también presentó una constitución al cuerpo central de Meiji. Llamó al gobierno central una "Dieta" con un cuerpo legislativo que era bicameral, que consistía en una Cámara de los Pares y una Cámara de Representantes. La Cámara de los Pares eran nobles o de la familia imperial. La Cámara de Representantes estaba restringida a hombres que pagaran una dada cantidad de impuestos.

*El Partido de Gobierno Imperial Constitucional*

Este partido era de naturaleza conservadora y fue fundado en 1882 por Fukuchi Gen'ichiro. Apoyó una monarquía constitucional con una constitución, pero quería limitar la libertad de expresión y el derecho a reunirse libremente.

*El Partido Rikken Seiyukai*

Este partido, llamado "Seiyukai", para abreviar, fue relativamente tardío, se fundó en 1900. Aunque Seiyukai aparentemente se anunciaba como "liberal", era relativamente conservador. Los orígenes de este partido provienen de las empresas que buscaban protegerse presentando candidatos para cargos en la Dieta a favor de los negocios.

*El Partido Kenseito*

En 1898, este partido se formó bajo el liderazgo de Okuma Shigenobu, quien había dirigido el partido Shimpoto de corta duración, e Itagaki Taisuke, quien dirigió el Partido Liberal Constitucional (que una vez fuera la Sociedad Pública de Patriotas).

Sin embargo, casi se desintegró después de que Okuma no cumpliera sus promesas cuando fuera nombrado primer ministro. Sin embargo, logró reestructurarse, formando el Nuevo Kenseito con Itagaki a la cabeza.

Durante el resto de la Restauración Meiji, hubo una proliferación de partidos políticos y fusiones y ramificaciones de ellos. Por ejemplo, el Partido Progresista Chugoku establecido en 1894, se separó del Partido Democrático Liberal, el Partido Democrático Constitucional y el Partido Democrático para el Pueblo, y luego formó el partido Shimpoto.

**La Constitución de Meiji**

En 1890, Ito Hirobumi, un prominente político japonés, fue comisionado por el gobierno central para redactar una constitución. Era similar al modelo de estilo británico de Okuma Shigenobu, y también se inspiraba en el modelo prusiano-germano. La faceta prusiano-germana utilizaba el concepto de una monarquía absoluta combinada con una estructura parlamentaria. El emperador era el jefe de estado soberano. Tenía un gabinete, un consejo privado, una rama judicial, una rama legislativa llamada "Dieta" y una rama militar. Cabe señalar que, si bien el emperador era visto como el jefe de estado, el primer ministro (que era votado por el consejo privado) era visto como el jefe de gobierno.

Se consideraba que el emperador era de ascendencia divina "ininterrumpida durante eternos siglos". Esto era algo que se remontaba al comienzo de la historia japonesa, y aunque los emperadores perdieron el poder cuando se levantaron los shogunatos, el pueblo todavía los respetaba. Ahora que habían recuperado el poder, la constitución quería asegurarse de que habría limitaciones a su poder. Lo hicieron con dos artículos: estaba limitado a las disposiciones de la constitución y tenía que obtener la firma de uno de sus ministros de estado antes de que un edicto o mandato pudiera entrar en vigor. Sin embargo, el emperador tenía derecho a destituir a un ministro de Estado, por lo que, en cierto sentido, el emperador retuvo un control enorme. No obstante, este enfoque tuvo el efecto de solidificar el poder de las élites.

El pueblo del emperador tenía algunos derechos, incluida la libertad de movimiento, es decir, el derecho a trasladar su residencia; estar libre de allanamientos o entradas infundadas; la privacidad de la correspondencia; el derecho a la propiedad privada; y la libertad de expresión.

**Primeras Elecciones**

La primera elección se celebró en 1890. Los políticos más influyentes de la época fueron Itagaki Taisuke y Okuma Shigenobu. Como se esperaba, sus partidos obtuvieron la mayoría de los votos en la Cámara de Representantes. Cuando el primer ministro, Yamagata Aritomo, recomendó que la Cámara apoyara al gobierno central para promulgar un cambio significativo, lo ignoraron. En cambio, votaron para recortar el presupuesto de la administración, comenzando con fuertes recortes salariales. La administración central tomó represalias recurriendo a la intimidación, incluidas las amenazas de los mafiosos. Luego, Itagaki llegó a un acuerdo secreto con el primer ministro y sorprendió a sus partidarios al proponer un recorte del seis por ciento, en lugar del diez por ciento, en los salarios administrativos. Cuando Yamagata dejó su cargo, fue ocupado por su protegido, y no se propuso nada nuevo. En cambio, se aprobaron más recortes presupuestarios, incluidos los gastos relacionados con la formación de una nueva armada y un programa de construcción naval.

El gobierno central estaba furioso y disolvió la Dieta. Se celebraron elecciones especiales en 1892, pero fueron violentas, durante las cuales murieron cuatrocientas personas. Obstinadamente, la Cámara recién elegida no realizó ningún cambio en el presupuesto que habían propuesto. Debido a que el presupuesto para constituir el ejército era insuficiente, el emperador hizo una gran contribución monetaria a los gastos militares y recomendó que otros miembros del gabinete hicieran lo mismo. Así lo hicieron, y la Dieta luego restableció la propuesta original del presupuesto y de allí pasó a las relaciones exteriores.

**Avances Económicos**

Una vez que se hubo aflojado el yugo feudal, el sector mercantil se expandió más rápidamente de lo que los conservadores en el gobierno podían controlar. Las restricciones presupuestarias después de la primera y segunda elección obligaron al gobierno central a dejar que se expandiera el sector mercantil. Los conglomerados japoneses se unieron, formando lo que se conoce como *zaibatsu*, como reacción a una interferencia gubernamental excesiva. Aunque el término no se hizo común hasta después de la Primera Guerra Mundial, su poder comenzó en el período Meiji, y controlaron partes importantes de la economía hasta el final de la Segunda Guerra Mundial.

Una vez que el gobierno se dio cuenta de que podían utilizar a estas compañías para asumir las tareas de la adquisición de equipos militares y la construcción de barcos para la creciente marina japonesa, se establecieron acuerdos para que las compañías pudieran hacerlo.

La era Meiji había seguido el modelo establecido hacía siglos, donde unos pocos controlaban un gran número de gente y entidades. Por ejemplo, las prefecturas de Satsuma y Choshu tenían un enorme control sobre toda la compañía, al igual que los shogunatos, que prácticamente dirigían a Japón con un puñado de poderosos líderes.

# Capítulo 7 - Relaciones Exteriores

### El Incidente de Ganghwa

Japón quería entablar relaciones con Corea, para lo cual en 1868 le enviaron una carta al rey; sino obstante, usaron los caracteres chinos incorrectos para hablar sobre el emperador japonés. En ese momento, solo al emperador chino se le permitía usar esos símbolos, y al usarlos Japón parecía afirmar que su emperador era igual al de China. Los chinos sugirieron que los coreanos igual aceptaran la carta, sabiendo el poder que ahora tenía Japón, pero los coreanos de la vieja escuela se negaron a hacerlo, y las tensiones aumentaron.

En septiembre de 1875, la administración Meiji envió a *Un'yo* a Corea una cañonera. La tripulación se detuvo en la isla Ganghwa, solicitando agua y provisiones. De repente, las baterías coreanas abrieron fuego contra ellos, y Japón respondió con ráfagas de intensos disparos al fortín. Los soldados japoneses desembarcaron y tuvieron una escaramuza. Debido a que el armamento coreano estaba desactualizado, los japoneses pudieron matar a 35 de ellos. Una vez que se aclararon las causas que provocaran del incidente, la dinastía Joseon de Corea rápidamente elaboró una propuesta de tratado, ya que podían ver la superioridad del equipamiento japonés y sus fuerzas. El Tratado de Ganghwa se firmó a fines de febrero de 1876 y contenía una disculpa, tal como habían solicitado los japoneses. El tratado abrió Corea al comercio japonés.

## La Rebelión de Satsuma

El resultado más traumático de la abolición del sistema feudal fue la pérdida automática de empleos para los samuráis. De repente, les robaban un estilo de vida que habían tenido durante gran parte de su vida, y el nuevo gobierno miope hizo un mal trabajo para crear nuevas oportunidades de empleo para ellos.

En 1876, un activista llamado Saigo Takamori, un ex samurái, ideó un plan para desencadenar una guerra con Corea, creando así la necesidad de que Japón mantuviera a sus samuráis. Saigo estaba tan comprometido con esta causa que decidió hacer de chivo expiatorio consiguiendo que los coreanos lo mataran. Lo hizo resucitando una discusión sobre un protocolo simulado que tuviera lugar durante el Incidente de Ganghwa. Sin embargo, el gobierno imperial descubrió la conspiración y evitó que sucediera.

Después de eso, Saigo organizó academias paramilitares llenas de estudiantes altamente motivados. El gobierno de Meiji estaba preocupado por la popularidad de Saigo y sus seguidores, por lo que les quitaron las armas de un arsenal local para evitar un ataque. Los estudiantes tomaron represalias sacando las armas de un arsenal diferente, y se produjeron escaramuzas esporádicas. Saigo estaba asombrado por el fervor de sus seguidores, y alentado por este hecho, lideró una rebelión contra el gobierno central.

En 1877, sus fuerzas sitiaron el castillo Kumamoto en Japón. Cuando los rebeldes no lograron avances significativos, más ex samuráis se unieron a las filas, y los partidarios de Saigo llegaron a tener alrededor de 25.000 hombres. Bajo el liderazgo del teniente general Tani Tateki, el ejército imperial, que sumaba cerca de 100.000 (una gran diferencia entre las fuerzas de Saigo, aunque Saigo tenía hombres mucho más experimentados en sus filas), rechazó a los guerreros de Saigo. Cuando llegaron más fuerzas imperiales, los partidarios de Saigo se vieron obligados a retirarse.

Luego, Saigo y sus guerreros se mudaron a Kagoshima en la prefectura sur de Kyushu. A pesar de que Saigo envió una carta a las fuerzas imperiales ofreciéndoles negociar y poner fin a las hostilidades, el gobierno estaba decidido a reprimir brutalmente esta rebelión. En lugar de discutir los términos, el gobierno de Meiji incrementó su número y respaldó a las fuerzas imperiales con un buque de guerra, aporreando a los rebeldes restantes con ráfagas de artillería. Hacia el final de la lucha, solo quedaban cuarenta hombres bajo el mando de Saigo.

Durante la batalla, Saigo resultó herido en la cadera. Algunos relatos afirman que se practicó el harakiri (cometió seppuku) o que fue asistido en su suicidio, pero algunos estudiosos piensan que Saigo en realidad quedó en estado de shock por su herida y que sus seguidores, al ver su estado de deterioro, le cortaron la cabeza. Si este fuera el caso, habrían dicho más tarde que se hizo el harakiri para preservar su honor. Cualquiera que fuera el caso, la muerte de Saigo puso fin a la rebelión.

**El incidente de Imo**

Los chinos señalaron que Corea tenía que ser precavida cuando Rusia y Estados Unidos se acercaran para abrir relaciones con ellos. En un movimiento inesperado, Estados Unidos firmó el Tratado de Paz, Amistad, Comercio y Navegación, también conocido como el Tratado Shufeldt. Sin embargo, el tratado identificaba a Corea como un país independiente, que no era el entendimiento con China. Cuando Corea eliminó definitivamente su condición de estado tributario de China, Japón se preocupó, ya que significaba que China no podría asistir a la defensa de Corea en caso de un ataque. Como Corea no estaba militarmente preparada para defenderse de los ataques, Japón sintió que eso los dejaría vulnerables. Enviaron asesores militares a Corea para que se unieran a miembros de la legación japonesa en Corea para ayudarlos, pero fue insuficiente.

En 1882, cuando el rey Gojong de Corea escuchó que sus soldados de la guarnición estaban desnutridos debido a una hambruna, nombró a su personal para proporcionarles arroz. Sin embargo, la corrupción entró en juego entre aquellos que querían que lo destronaran, por lo que el envío del arroz estaba contaminado con arena usada como relleno. En consecuencia, se produjo un motín. Comenzó con el ataque a la casa de Min Gyeom-ho, a quien sindicaban como el conspirador principal. Gyeom-ho era el supervisor de las finanzas del gobierno, pero había asignado la cuestión de distribuir el arroz a su mayordomo. Gyeom-ho no era totalmente inocente, ya que había descuidado sus deberes, pero la culpa no recayó solo en él.

Después de esto, una enorme fuerza robó municiones y armas de los arsenales. Un grupo separado de 3.000 hombres corrió hacia la legación japonesa, gritando que matarían a sus anfitriones japoneses. Hanabusa Yoshitada, ministro de Corea y jefe de la legación, ordenó la evacuación de los ocupantes, después de lo cual prendió fuego al edificio. Primero se refugiaron en Incheon hasta que sus anfitriones se enteraron de lo que había sucedido. Los japoneses, al ver que la actitud de sus anfitriones había cambiado, huyeron de la ciudad y fueron perseguidos por soldados coreanos. Seis japoneses fueron asesinados y cinco resultaron gravemente heridos. Los sobrevivientes pudieron abordar un barco británico y escapar a un lugar seguro.

Al final, los coreanos pagaron reparaciones a las familias de los soldados fallecidos, y se donó más dinero al gobierno japonés para ayudar con la escasez de alimentos.

**La Intromisión China en Corea**

Después del incidente de Imo de 1882, China aprovechó la ineficiente respuesta militar de Corea para reafirmar su influencia en los asuntos coreanos. Los funcionarios chinos se hicieron cargo del entrenamiento del ejército coreano y le proporcionaron armas y municiones más avanzadas. Luego, China y Corea firmaron un tratado, en el que a Corea se la permitiría calificarse como un estado dependiente de China. Se creó un servicio marítimo coreano, administrado por China, que fue una gran ayuda para los comerciantes chinos. Los funcionarios chinos también estaban estacionados en varias secciones de Corea con el argumento de que estaban protegiendo los intereses chinos.

Se permitió a Corea y China comerciar entre sí, pero China era el país que tenía una mayor ventaja, ya que producía más bienes.

**El Papel de Japón en el Golpe Gapsin**

Kim Ok-gyun, un activista reformista, era un coreano que apoyaba masivamente la occidentalización de Corea e introdujo ideas para alterar su sociedad para adoptar las ciencias occidentales, el equipo militar y la tecnología. También le preocupaba que Japón pudiera invadir Corea, y bajo el pretexto de aprender sobre nuevas tecnologías, fue a Japón en 1884. Allí descubrió que Japón no estaba planeando un ataque inminente a Corea. Por lo tanto, el modelo japonés podría ser un paradigma viable para Corea, y no habría resistencia a sus exploraciones sobre ello.

Kim también sabía que, si bien la fuerza de China estaba disminuyendo, al mismo tiempo intentaba controlar a Corea para usarla para sus propios fines. Kim apoyó mantener la independencia de Corea, pero creía firmemente que solo sería posible si las reformas se promulgaban rápidamente. Afortunadamente para él, Kim era un activista militante que estaba dispuesto a llegar al extremo para que eso sucediera.

Él y sus seguidores regresaron a Corea en 1884 y planearon un golpe de estado para destronar al rey ultraconservador Gojong. Afortunadamente para ellos, la mitad de los soldados chinos que estaban presentes en Corea habían sido reubicados para participar en las escaramuzas entre Francia y China sobre Vietnam. Eso reducía el número de fuerzas chinas que Kim tendría que enfrentar antes de que él y sus hombres pudieran llevar a cabo el golpe de estado. Comenzaron el golpe en un banquete para celebrar una oficina de correos recién inaugurada. Kim y sus seguidores se acercaron al rey y le dijeron que los chinos estaban creando problemas y que tenía que irse con ellos a un lugar seguro. El grupo llevó al rey Gojong a un pequeño palacio, donde lo pusieron bajo la vigilancia de los guardias de la legación japonesa. Varios de los funcionarios del gobierno coreano que asistieron al banquete fueron asesinados o heridos.

Después de eso, Kim presentó su propuesta de reforma de catorce puntos, que incluía la abolición de los privilegios de élite de la clase dominante, el establecimiento de la igualdad de derechos para todo el pueblo, la reestructuración del gobierno como una monarquía constitucional, la revisión de los impuestos sobre la tierra, la promulgación del libre intercambio y el comercio para todos, y severas sanciones por corrupción.

Fue un esfuerzo heroico, pero no fue realista en cuanto a su practicidad. Los únicos defensores del Gaehwapadang, además de los miembros mismos, fueron 140 soldados japoneses de la legación japonesa. Y a pesar de que la mitad de las tropas chinas habían salido de Corea, todavía dejaron una enorme cantidad detrás. Por ejemplo, la guarnición que mantenían en Seúl tenía 1.500 hombres.

La reina Myeongseong solicitó que los chinos descendieran sobre los rebeldes, y lo hicieron, matando a cuarenta de los combatientes japoneses y quemando el edificio de la legación japonesa. Los activistas fueron luego recogidos por un barco japonés. Mientras el débil embajador japonés acordó liberarlos ante las autoridades coreanas, el capitán del barco revocó su orden. Fueron exiliados a Japón, y algunos luego se trasladaron a los Estados Unidos. Kim Ok-gyun se mudó a Japón, viviendo en Tokio y más tarde en Sapporo, y su nombre cambió a un alias, "Iwata Shusaku". Sin embargo, ese no es el final de su historia.

Aunque Kim estaba paranoico temiendo un intento de asesinato, no podía rechazar la oportunidad de viajar a Shanghái y encontrarse con el conocido político chino Li Hongzhang. Mientras viajaba a su encuentro, un activista coreano le disparó. Su cuerpo fue entregado a los chinos, que lo desmembraron y lo llevaron a través de Seúl y varias ciudades. Esta brutal mutilación desencadenó la Primera Guerra Chino-Japonesa.

## La Primera Guerra Chino-Japonesa Julio de 1894 - Agosto de 1895

Esta guerra entre China y Japón se libró principalmente por el poder en Corea, y las principales batallas y eventos se detallan a continuación. Es interesante notar que China estaba dando su último suspiro como potencia imperial. A pesar de su oposición a Corea y Japón, la última dinastía de China, la dinastía Qing, terminó cuando la era Meiji se desvaneció en las arenas del tiempo.

*La Batalla de Seonghwan*

Esta fue la primera batalla terrestre de la guerra, y tuvo lugar al sur de Seúl, cerca de la ciudad de Seonghwan, Corea. Las fuerzas chinas se reunieron allí y habían anticipado la llegada de los japoneses, construyendo trincheras y movimientos de tierra para prepararse para el asalto. Desafortunadamente para ellos, sus refuerzos se habían perdido en una batalla naval anterior, y todos sus suministros y refuerzos tuvieron que llegar por mar a través del puerto de Asuán.

Sin embargo, los japoneses se dieron cuenta de que la mayor parte de esta guerra se libraría en el mar, ya que tanto Corea como Japón están rodeados por agua, y los países involucrados también tenían numerosos ríos. Japón había estado construyendo rápidamente una poderosa armada, y desde el principio de esta guerra estaba claro que cualquier país que pudiera controlar las aguas ganaría la guerra.

En una demostración fáctica de que el gobierno imperial chino a menudo tenía demasiado poder, la emperatriz viuda Cixi malversó parte del dinero destinado a actualizar las flotas chinas para construir un suntuoso palacio en Beijing. La mayoría de los buques chinos eran virtualmente reliquias; eran voluminosos y pesados en comparación con los rápidos buques de guerra japoneses

La formación naval primitiva era predecible, ya que los buques de guerra chinos tendían a seguirse unos a otros como si estuvieran en una sola fila. Esto permitió a Japón formar un bloqueo para que la guarnición china en Asan se viera privada de refuerzos y nuevas provisiones.

La batalla duró un día entero en julio de 1894. En la guarnición de Seúl, las fuerzas terrestres japonesas y coreanas invadieron a las chinas, que intentaron esconderse allí. Quinientos de los casi 4.000 soldados chinos fueron asesinados o heridos, y el resto fueron capturados. Las fuerzas japonesas, que sumaban 4.000, sufrieron menos de cien bajas.

*La Batalla de Pyongyang*

Rápidamente, China envió entre 13.000 y 15.000 combatientes a la guarnición de Pyongyang. Durante la oscuridad de la noche, los buques de guerra japoneses rodearon Pyongyang el 15 de septiembre de 1894, antes de atacar por todos lados. Tres mil chinos fueron asesinados de inmediato, y 4.000 resultaron heridos o desaparecidos. Si uno incluye a los 102 japoneses que fueron asesinados, eso significa que 3.152 hombres cayeron en un período de 24 horas.

*La Batalla de Pungdo*

Si un barco no combatiente estaba involucrado en un acto de guerra, como por ejemplo prestar ayuda al enemigo, se consideraba un objetivo justificable de acuerdo con las reglas de combate. A finales de julio de 1894, dos barcos chinos estaban en camino para encontrarse con un barco de suministro británico, el *Kowshing*. Uno de los cruceros chinos escapó del ataque del escuadrón volador japonés, pero el otro se hundió en las rocas y explotó.

Mientras los japoneses estaban en el proceso de guiar al barco inglés fuera de acción, los guerreros chinos a bordo amenazaron con matar al capitán británico. Las negociaciones siguieron durante cuatro horas hasta que el frustrado capitán japonés disparó contra el *Kowshing*. Su torpedo falló, pero debido a la proximidad de las dos embarcaciones, el barco mercante colisionó de lado y se hundió.

*La Batalla del Rio Yalu*

El 17 de septiembre de 1894, la flota japonesa se encontró con la flota china Beiyang cerca de la desembocadura del río Yalu, que conecta con la Bahía de Corea. Los dos buques más impresionantes de la flota china eran el Dingyuan y el Zhenyuan, buques de guerra construidos por los alemanes. Si bien eran barcos formidables, se quedaron sin municiones porque no pudieron derrotar a los barcos más pequeños y veloces de la armada japonesa.

*La Masacre de Port Arthur*

Japón se había estado moviendo con éxito a través de Corea, y después de obtener una victoria decisiva sobre la ciudad coreana de Pyongyang, decidieron intentar capturar Port Arthur en China, que era el asiento de la flota de Beiyang. En noviembre de 1894, habían llegado al puerto, pero el ejército japonés al mando del general Yamaji Motoharu vio los cuerpos mutilados de sus soldados. Les habían cortado las manos y pies habían cortados, mientras que a otros los habían quemado vivos. Esto enfureció a las tropas, y después de que la ciudad cayera ante los japoneses, se produjo una masacre. Un soldado japonés escribió en su diario que los japoneses estaban llenos de un deseo de matar a los soldados chinos que vieran, pero también mataron civiles.

> A cualquiera que veíamos en la ciudad, lo matábamos. Las calles estaban llenas de cadáveres ... Matamos a gente en sus hogares, en general, no había una sola casa sin tres o seis muertos. La sangre fluía y el olor era horrible.

*En Manchuria y Beijing*

En enero de 1895, los chinos entraron en Manchuria, donde había un puerto protegido en Weihaiwei. Sin embargo, los japoneses sitiaron Weihaiwei, atacándolos por tierra y por mar durante casi un mes. Después de la caída de Weihaiwei, que fuera la última gran batalla librada en la guerra, los japoneses y chinos se involucraron en pequeñas escaramuzas, incluida la Batalla de Yinkou.

Aunque los chinos pidieron la paz después de la Batalla de Weihaiwei, debido a que los japoneses podían capturar fácilmente la capital de Beijing, los japoneses intentaron capturar Taiwán, convirtiéndolo en uno de sus territorios. En lugar de atacar la isla directamente, los japoneses atacaron las Islas Pescadores, que estaban cerca, a finales de marzo de 1895. Bastaron solo tres días de lucha para que Japón ganara el codiciado territorio de Taiwán, poniéndolo bajo el dominio japonés hasta 1945.

**Tratado de Shimonoseki, 1895**

Si bien la administración Meiji tenía sus propios problemas internos, obtuvo un tremendo logro con esta guerra en dos niveles. En primer lugar, la victoria de Japón sobre el enorme país continental de China sigue siendo uno de los acontecimientos más importantes de su historia. Con esa victoria, Japón demostró al mundo que realmente era un país moderno y merecía el respeto de ser considerado como totalmente independiente y una fuerza a tener en cuenta. En segundo lugar, las ganancias territoriales que Japón había logrado eran una gran ayuda para la probabilidad de que las futuras empresas japonesas pudieran convertirse en verdaderamente internacionales, y Japón también se ganó un asiento en todos los organismos gubernamentales internacionales que se ocupaban de asuntos asiáticos.

Los territorios más importantes que ganó fueron Taiwán, las islas Penghu y la crucial península de Liaodong, que le dio el control del Mar Amarillo. A través del tratado, Japón obtuvo el derecho de usar el río Yangtsé, y China también reconoció la independencia de Corea.

**La Guerra Ruso-Japonesa (1904 a 1905)**

Después de la derrota de China en la guerra chino-japonesa en 1895, Japón invadió Manchuria. Estaba particularmente interesado en obtener un baluarte con ferrocarriles que les permitieran acceder a Eurasia. Japón temía que Rusia pudiera invadir sus territorios, especialmente porque Rusia había estado arrendando Port Arthur, una base naval, de China. Para resolver el problema, Japón ofreció ceder el control sobre Manchuria a cambio de que Japón tuviera influencia sobre Corea, específicamente sobre Corea del Norte. Sin embargo, Rusia se negó. Los acorazados rusos se refugiaron en el puerto de Port Arthur, y los japoneses comenzaron la guerra atacando a su flota en febrero de 1904.

*Las Batallas de Port Arthur y Liaoyang*

Durante la Batalla de Port Arthur, un barco ruso fue hundido y otros dos sufrieron graves daños. Los japoneses intentaron bloquear el puerto, para que Rusia no pudiera usarlo, pero dos acorazados rusos lograron deslizarse a aguas abiertas. Sin embargo, atacaron las minas japonesas, hundieron un barco y dañaron fuertemente a otro. Rusia aprendió de los japoneses y su táctica ofensiva con minas, y también comenzaron a colocar minas en el área, dañando dos barcos japoneses. El bombardeo continuó e incluso llegó a tierra. Rusia envió refuerzos para proteger su flota, pero no tuvo éxito, ya que la artillería japonesa aporreó a los barcos amarrados. Todos los barcos de Rusia fueron desactivados.

La primera gran batalla terrestre de la guerra fue la Batalla de Liaoyang, que tuvo lugar desde finales de agosto hasta principios de septiembre de 1904. La ciudad era estratégicamente importante para los rusos para mantener una posición en el sur de Manchuria. Sin embargo, los rusos se retiraron, transformándola en una victoria japonesa, aunque debe tenerse en cuenta que los japoneses sufrieron más bajas que los rusos.

*La Batalla de Tsushima*

En mayo de 1905, la flota japonesa hizo un viaje punitorio sobre el mar para alcanzar a la flota rusa restante de acorazados reforzados con acero. El barco japonés, *Mikasa*, fue constantemente cañoneado por los rusos desde su barco, el *Oslyabya*, y sufrió graves daños, pero los cañoneos japoneses prevalecieron hasta que el buque insignia ruso se hundiera. Los japoneses continuaron sus disparos y se lanzaron sobre el barco ruso, el *Borodino*, hasta que el barco explotó en una enorme bola de fuego. Tras él, se hundieron otros dos acorazados rusos.

La noche trajo ataques con torpedos de submarinos y destructores japoneses. Los destructores atacaron de frente, mientras que los torpederos asaltaron los barcos rusos desde dos lados. Estaba completamente oscuro, y los barcos chocaron entre sí. Cada vez que los rusos encendían sus reflectores, revelaban su posición y posteriormente eran atacados. Tres cruceros rusos mayores se apresuraron a ayudar, pero fueron alcanzados por torpedos. Los japoneses nunca cedieron durante toda la noche.

Con las primeras luces, la flota japonesa persiguió a los rusos hacia el norte. Los rusos izaron un facsímil de una bandera de rendición usando manteles, ya que no pudieron encontrar una verdadera. Eso fue deliberado, ya que Rusia insistió en que sus hombres luchasen hasta la muerte. Una vez que los manteles fueran izados, fueron ignorados, ya que habían tratado de rendirse en varias batallas durante la guerra chino-japonesa, y los japoneses ahora sabían que era un truco. Una vez que los rusos detuvieron sus barcos, Japón aceptó su rendición. Esta batalla fue la última gran batalla de la guerra, aunque el tratado de paz no se concluyó hasta septiembre de 1905. Los dos almirantes rusos enfrentaron cargos al regresar a su país, pero el zar los perdonó de la pena de muerte. A pesar de eso, la reputación de ambos hombres quedó arruinada. Rusia no toleraba el fracaso, independientemente de lo justificado que pudiera haber sido.

Esta batalla es notable por ser la primera batalla naval decisiva librada con modernos acorazados de acero, y también sería la primera batalla naval en la que la radio jugaría un papel importante.

# Capítulo 8 - La Era Taisho

Entre 1912 y 1926, Japón continuó modernizándose. Esta rápida modernización fagocitó el presupuesto del gobierno, dejando prácticamente casi nada de reservas. La situación política se hizo precaria por la muerte del emperador Meiji en 1912 y aún más por la reducción de los gastos más grandes de Japón: los militares. El primer ministro Saionji Kinmochi tomó esa decisión, y demostró que Japón aún no había madurado como país soberano. Como resultado de este cambio traumático, el ministro del ejército renunció y poco después renunció Kinmochi. En esencia, el país todavía estaba aprendiendo cómo funcionar de manera eficiente sin tener que recurrir a una autoridad suprema para decirle qué hacer.

El nuevo emperador, Yoshihito, hijo de Meiji, adoptó el nombre imperial de "Taisho" y respondió a esta crisis nombrando a Katsura Taro como primer ministro, que ya había sido primer ministro antes de Kinmochi. Estallaron disturbios, ya que Katsura era un anciano estadista y los japoneses no confiaban en él para impulsarlos hacia el futuro. Katsura demostró ese hecho casi de inmediato al intentar resolver la crisis militar haciendo lo contrario de su predecesor. Restableció el presupuesto militar, pero lo extendió excesiva y virtualmente ignoró el enfoque del país en su nueva constitución. En medio de protestas masivas y el nombramiento de Katsura para un nuevo mandato, los partidos políticos se levantaron para resolver la crisis. El Rikken Seiyukai promovió a Yamamoto Gonnohyoe para reemplazar a Katsura, y el emperador lo aprobó. Ese fue un error.

El interés del partido Rikken Seiyukai estaba en la expansión comercial, y más tarde se reveló que la Corporación Siemens había conspirado para atraer más negocios para sí misma mediante la obtención de contratos militares con la marina y pagando un soborno del quince por ciento a aquellos que pudieran obtener esos contratos. Cuando se enteró, el pueblo se puso furioso por lo que buscaron una reorganización del cuerpo legislativo, la Dieta, para minar el control del Rikken Seiyukai y la Corporación Siemens. El escándalo condujo al colapso del gabinete de Yamamoto. Por consiguiente, el Partido Progresista ganó la mayoría de los cargos en la Dieta nacional. Okuma Shigenobu, un miembro destacado de ese partido se convirtió en primer ministro en 1914.

Debido a las manipulaciones políticas que tuvieron lugar de 1912 a 1914, la armada y el ejército japoneses se volvieron poderosos. Cuando estalló la Primera Guerra Mundial en 1914, Japón aprovechó la oportunidad para unirse a las potencias aliadas (Rusia, Francia y el Reino Unido) para someter a las potencias centrales de Alemania, Austria-Hungría, el Imperio otomano y Bulgaria para tener el control sobre las ricas rutas marítimas en el Océano Pacífico. La agenda oculta de Japón al crear acuerdos con los aliados era expandir su influencia a China, cuyo comercio internacional dependía del Pacífico.

**Japón en la Primera Guerra Mundial**

A finales de julio de 1914 y principios de agosto del mismo año, las potencias aliadas en Europa se unieron contra Alemania y Austria-Hungría por el control en Europa. Sin embargo, para que los aliados fueran exitosos, necesitaban debilitar a Alemania.

Alemania tenía una serie de colonias en el Pacífico que su armada debía proteger: la colonia alemana de Qingdao en China continental, las Islas Marshall, Papúa Nueva Guinea, las Islas Salomón, las Islas

Marianas del Norte, Samoa y las cadenas de islas más pequeñas de Micronesia en el Pacífico Sur. Era equiparable a un mini imperio en el este.

Los aliados estaban interesados en eliminar el poder de la armada imperial alemana en el Lejano Oriente, y Gran Bretaña, en particular, instó a Japón a manejar esa área de la guerra. En nombre del emperador Taisho, Japón declaró la guerra a Alemania.

El primer objetivo de Japón fue la colonia alemana de Qingdao. Japón rodeó Qingdao y lo puso bajo asedio. Varios meses después, Alemania entregó el control de esa colonia. Mientras estaba en esta área, Japón atacó la provincia de Shandong a través de la bahía de Jiaozhou. Esa bahía conducía al mar Amarillo, cuyo control Japón había codiciado durante años.

Atracado en la bahía de Jiaozhou había un crucero marítimo húngaro-austríaco, el SMS *Kaiserin Elisabeth* y un cañonero alemán. Inicialmente, los esfuerzos japoneses para desalojarlos del área no tuvieron éxito. Sin embargo, con la ayuda de las fuerzas británicas, fue invadida y ocupada por Gran Bretaña y Japón.

La armada japonesa se apoderó de las Islas Marianas y las Islas Marshall. No hubo resistencia por parte de los alemanes, que se vieron abrumados por los acontecimientos en el teatro europeo de la guerra.

**Veintiuna Demandas**

A principios de enero de 1915, el Primer Ministro Shigenobu y el Ministro de Relaciones Exteriores Kato Takaaki presentaron 21 demandas a China divididas en 5 grupos: 1) confirmación del control japonés sobre la provincia de Shandong, junto con sus ferrocarriles y la costa china a lo largo de allí; 2) propiedad exclusiva de una sección del sur de Manchuria y acceso a las materias primas en el interior de Mongolia; 3) control japonés sobre un complejo metalúrgico en el centro de China; 4) una prohibición a China de permitir que los países extranjeros tuvieran concesiones en la costa china y sus islas; y 5) Japón podría tener asesores en China que podrían hacerse cargo de sus finanzas y su policía. La demanda cinco se mantuvo en secreto hasta que fuera absolutamente necesaria porque esencialmente haría que China estuviera subordinada a Japón.

Después de las conversaciones con China, Japón redujo el número de demandas a trece. Temiendo la guerra con Japón, China aceptó las demandas revisadas y firmó un tratado con Japón a finales de mayo de 1915.

Aunque Japón y China hicieron las paces con respecto a China continental, hubo más problemas que quedaron sin resolver. En 1916, Gran Bretaña señaló que apoyarían los reclamos japoneses sobre las colonias alemanas en el Pacífico si Japón estaba dispuesto a usar su armada para ayudar en la guerra en curso en el hemisferio occidental escoltando a los acorazados británicos y realizando rescates en el Mediterráneo.

En 1917, Estados Unidos entró en guerra y se unió a los aliados, aunque no era oficialmente un aliado, sino que prefería ser un "poder asociado" para evitar futuras guerras. Sabía del interés de Japón en controlar el Pacífico y quería que se modificara, pero las necesidades de los aliados pospusieron ese interés, al menos hasta el final de la guerra.

En 1917, el segundo escuadrón de Japón escoltó y defendió los buques de transporte británicos y proporcionó mano de obra para ayudar en la guerra antisubmarina en el mar Mediterráneo. También proporcionaron rescates invaluables en el mar, incluido el de 3.000 personas de un barco estadounidense, el SS *Transilvania*, que transportaba tropas a las líneas del frente.

Los británicos se sentían muy satisfechos con la rapidez de la respuesta de Japón a solicitudes repentinas y crisis en los mares debido a la guerra. Francia también apreciaba el hecho de que Japón pudiera asegurar doce destructores para usarlos en la guerra. Debido a sus esfuerzos de modernización, las empresas japonesas y sus militares tenían experiencia en operaciones de importación y exportación, y eso impresionó a los demás países aliados. Japón también tenía experiencia en obtener materiales de guerra y provisiones para las tropas. Se beneficiaron mucho durante esta guerra, ya que aprendieron muchas técnicas militares y absorbieron algunas nuevas tecnologías de Europa.

En 1917, tuvo lugar en Rusia la revolución bolchevique, y Japón envió tropas allí en 1918 junto con los Estados Unidos. Se les ordenó ir a la zona fría e inhóspita de Siberia para fortalecer los ejércitos del almirante Alexander Kolchak, que estaba librando la guerra contra los bolcheviques que intentaban controlar gran parte del territorio allí. Una de las razones por las que Estados Unidos entró en guerra fue detener la propagación del comunismo. Esencialmente esa era la idea de la Revolución Bolchevique, pero sirvió para ayudar a poner fin a la Primera Guerra Mundial. El cansancio de la guerra se extendía a medida que la guerra amenazaba con expandirse de un país a otro. Ya los otomanos y los turcos en el Medio Oriente estaban luchando. En Rusia, la lucha entre el Ejército Blanco y el Ejército Rojo de los bolcheviques era una guerra civil. Austria-Hungría estaba lidiando con recursos cada vez menores para mantener la lucha. La única razón por la que Japón se involucró fue para ayudar en el frente siberiano para ayudar a los estadounidenses. Más tarde, en 1922, cayó la Rusia zarista y prevalecieron los bolcheviques.

## El Tratado de Versalles

Como resultado de la contribución de Japón a la victoria de las potencias aliadas, Japón se unió a los "Cuatro Grandes". Los Cuatro Grandes se refieren a los cuatro poderes principales de los aliados que estuvieron en la conferencia de paz para redactar el tratado. Japón fue incluido más tarde en ese círculo.

El Tratado de Versalles le otorgó a Japón el derecho de administrar las islas que habían conquistado al comienzo de la guerra. Japón también recibió derechos sobre la bahía de Jiaozhou, que finalmente le daría acceso al mar Amarillo. Las islas de propiedad alemana al sur del Pacífico fueron adjudicadas a Australia, lo que significa que Micronesia, anteriormente controlada por Alemania, ahora estaba en camino de convertirse en independiente.

El presidente de los Estados Unidos, Woodrow Wilson, apoyó el derecho de Japón a administrar las islas al norte del ecuador que había anexado durante la guerra. Sin embargo, eso no significaba que Japón poseyera esas islas. Los controlaban bajo el mandato de la recién formada Liga de las Naciones, que tenía la intención de resolver las disputas entre países y evitar futuras guerras.

También se le permitió a Japón mantener el control sobre la provincia de Shandong en China, que anexó durante la guerra. Más tarde, en 1919, surgió una feroz disputa sobre la anexión de Japón de la provincia china de Shandong. China no firmaría el tratado si se permitía a Japón controlar esa provincia, y el asunto no se resolvió hasta 1922. Lamentablemente, Japón tuvo que renunciar a su derecho a Shandong; sin embargo, todavía se le permitió retener el control económico del ferrocarril allí.

Japón propuso incluir en el Tratado de Versalles una "cláusula de igualdad racial". Japón quería ser tratado como un igual, y aunque su propuesta se consideraba que era para la igualdad racial universal, solamente la quería para aquellos miembros de la Liga de las Naciones, de los cuales era miembro fundador. Los japoneses sabían que se habían visto obligados a firmar tratados desiguales después de que Matthew Perry abriera la puerta para que el resto del mundo ingresara a Japón, y querían evitar que sucediera eso. Pero la idea de la igualdad racial universal, que era lo que la mayoría de la conferencia de paz supuso que quería Japón, no era posible en ese momento, principalmente debido a que las potencias occidentales buscaban más y más dominios de pueblos no blancos para agregar a su imperio.

Por medio de varias maquinaciones, se determinó que se necesitaba un voto unánime para aprobarla. Estados Unidos, el Reino Unido,

Portugal y Rumanía no votaron a favor de la inclusión de la propuesta de igualdad racial, y como resultado, Japón se inclinó por no cooperar con las naciones occidentales.

Los problemas derivados de la exclusión de la propuesta de igualdad racial no se resolvieron hasta después de la Segunda Guerra Mundial.

**Los Efectos de la Primera Guerra Mundial en Japón**

La prosperidad descendió sobre Japón después de la guerra. Los conglomerados corporativos y los *zaibatsus* organizados durante la era Meiji se expandieron durante la era Taisho. La necesidad de las potencias aliadas de provisiones militares, el uso de barcos de la marina japonesa, las instalaciones de Japón en el negocio de importación-exportación y su sector bancario crearon un auge en su economía. Más tarde, Japón se convirtió en una nación acreedora debido a su dependencia de las importaciones. Japón incluso llegó a acuerdos con Taiwán y Corea para cultivar arroz.

La inflación fue una de las consecuencias de la guerra. Los salarios no habían seguido el ritmo del aumento de los precios, lo cual provocó los Disturbios por el Arroz de 1918. Esto no solo afectó a los pobres, ya que las familias de ingresos medios también luchaban con el aumento de los precios. Las disparidades entre las clases sociales alentaron la fundación del Partido Comunista Japonés en 1922. El socialismo resultaba atractivo ya que se pensaba que proporcionaría una solución a los muchos problemas que enfrentaban las clases bajas. Sin embargo, el Partido Comunista Japonés tenía diferencias claras con los bolcheviques, ya que no descansaba en revoluciones violentas como medio de control.

Después de la Primera Guerra Mundial, las tropas japonesas continuaron luchando en Siberia hasta 1922. El país estaba preocupado por la postura antimonárquica del régimen bolchevique en Rusia, ya que eso estaba en contra de la estructura gubernamental de Japón. Además, muchos sintieron que los comunistas podrían infiltrarse en el gobierno de Japón. Japón había pasado por un período doloroso para convertirse en una monarquía constitucional y no podría soportar otro cambio importante. Japón perdió alrededor de 5.000 hombres en la expedición siberiana y perdió la batalla para derrocar a los bolcheviques. Lo que, es más, sufrió una gran pérdida económica financiando el esfuerzo en Siberia. No solo hubo gastos para llevar a cabo la guerra, sino que los bancos japoneses otorgaron préstamos a Rusia para la expedición siberiana, que Rusia incumplió. La expedición siberiana también contribuyó en parte a crear escasez de arroz porque el gobierno tuvo que comprarlo para sus tropas.

El otro factor que produjo escasez de alimentos durante este período fue el gran terremoto de Kanto en 1923.

**El Gran Terremoto de Kanto**

El epicentro de este terremoto estaba cerca de Tokio, en el corazón de Japón. El sismo tuvo una magnitud de 7,8 en la escala sismológica de momento (el sucesor de la escala de Richter) y constituye uno de los terremotos más fuertes que Japón haya experimentado. El daño generalizado se extendió por la ciudad capital y las ciudades y pueblos de los alrededores, incluyendo Yokohama, un puerto cercano. Más de 140.000 personas murieron, y como el terremoto ocurrió durante la hora del almuerzo, cuando se usaba fuego para cocinar, algunas de esas muertes se debieron a incendios que se extendieron por toda la ciudad. En realidad, la mayor pérdida de vidas ocurrió por los incendios cuando 38.000 personas perdieron la vida después de refugiarse en una tienda de ropa. El terremoto también provocó deslizamientos de tierra y un tsunami, que devastó los hogares y la vida de la gente. Surgió el rumor de que los coreanos que en ese momento vivían en Japón se estaban aprovechando del desastre, saqueando e iniciando incendios provocados. Como resultado, un número innumerable de coreanos fueron asesinados por turbas, y algunos estiman que el número está entre 6.000 y 10.000.

El gobierno puso a los coreanos bajo custodia protectora y se declaró la ley marcial. A pesar de eso, creció el rumor que implicaba a los socialistas. Los historiadores indican que este fue un movimiento promovido por el gobierno imperial para librar al país de los disidentes políticos.

Como resultado del terremoto, Tokio fue reconstruido. Esta fue una oportunidad para reemplazar los edificios mal construidos de acuerdo con los estándares. Por supuesto, la recuperación fue muy costosa.

**Sufragio Universal Masculino**

Durante la era Taisho, la democracia en Japón surgiría con mucha fuerza. Hubo manifestaciones contra el requisito de que la elegibilidad de los votantes dependiera de los ingresos. Debido a eso, fue difícil para el público en general presentar sus propios candidatos a través de los partidos políticos. Por consiguiente, el gobierno, estaba dirigido por unos pocos, aun en la década de 1920. Ese hecho solo le recordaría el pueblo del antiguo Japón, que el emperador y sus asesores dictaron las políticas al pueblo trabajador. El partido político proempresarial, el Rikken Seiyukai, era extremadamente poderoso, por lo que los partidos políticos más pequeños experimentaron un lento crecimiento. A menudo no podían conseguir candidatos elegidos que representaran los intereses rurales y los de los asalariados de nivel medio.

Poco a poco, un nuevo partido político Kenseito surgió de las cenizas del antiguo Partido Kenseito, que se había derrumbado durante la era Meiji. En 1925, el partido Kenseito propuso la Ley Electoral General, que fue aprobada por la Dieta. Esta ley establecía que todos los hombres de 25 años y mayores podían votar, independientemente de sus ingresos.

A las mujeres no se les permitía asistir a reuniones políticas hasta 1922, por lo que en ese momento no lograron el derecho al voto. No obstante, el movimiento por el sufragio femenino continuó creciendo y, finalmente, en 1945 se les dio el derecho a votar a las mujeres.

# Capítulo 9 - La Era Showa

Hirohito sucedió al Emperador Taisho en 1926, tomando el título de Emperador Showa. A partir de este momento, en Occidente, los emperadores son más recordados por su nombre de nacimiento que por su nombre de emperador, que es como se les llama en Japón después de morir (mientras están vivos, pasan por "Su Majestad" o "Su Majestad el Emperador"), por lo cual en este libro se los mencionará como tales. La era de Showa duró hasta la muerte de Hirohito en 1989.

Después de la Primera Guerra Mundial, se produjo una crisis financiera debido a todos los gastos asociados con la guerra y los movimientos de democratización muy rápidos que tendrían lugar dentro del país.

**La Carrera Naval**

Después de señalar la necesidad de tener armadas dinámicas, las principales potencias que participaran en la Primera Guerra Mundial se dedicaron a una vigorosa construcción naviera. El ritmo enloquecido de la construcción de buques de guerra y portaaviones fue alarmante. El objetivo final era el control del océano Pacífico. Estados Unidos, Gran Bretaña y Japón, todos tenían allí intereses encontrados. Volviendo a un cierto sentido de racionalidad después de ese frenesí inicial, estas naciones discutieron las limitaciones. En 1922, el tema se trató y continuó tratándose por nueve de las naciones involucradas en la Primera Guerra Mundial, en lo que se llamó la Conferencia Naval de Washington, pero no se llegó a un acuerdo sobre los barcos que no fueran acorazados y cargueros. No obstante, todos los países reconocieron la importancia de equilibrar sus programas navales.

Dentro de la década siguiente, se introdujeron otros tratados que buscaban más limitaciones para la construcción de acorazados. Los términos del tratado original de 1922 fueron remplazados por el Tratado Naval de Londres de 1930 y luego por el Segundo Tratado Naval de Londres de 1936. Sin embargo, Japón no firmó el Segundo Tratado Naval de Londres. Vieron las limitaciones en cuanto al número de barcos podían tener en su armada como otro desaire de los Estados Unidos, lo que solo sirvió para que las tensiones entre los dos países aumentaran. A finales de diciembre de 1934, el gobierno japonés había notificado formalmente que tenía la intención de poner fin a los tratados navales con los que estaba comprometido.

**El Incidente de Manchuria**

La Compañía de Política Nacional de Japón, cuya función era operar ferrocarriles en el noreste de China, adquirió el ferrocarril del sur de Manchuria en 1906. Para proteger los intereses japoneses, una división del ejército japonés llamado Ejército Kwantung se estacionó allí. Después de la Primera Guerra Mundial, los chinos construyeron su propio ferrocarril, que corría paralelo al del sur de Manchuria. Para eliminar esta competencia y ayudar a Japón a obtener un mayor control sobre China, en 1931 el Ejército Kwantung hizo explotar una sección de sus vías. Lo hicieron para poder culpar a los chinos de la explosión y tener un pretexto para invadir Manchuria.

Entonces, las tropas japonesas se enfrentaron con los soldados chinos y los obligaron a irse al norte hacia el norte de China. Para 1932, el ejército de Kwantung controlaba toda Manchuria, estableciendo un estado títere llamado Manchukuo. El general del ejército Kwantung se nombró a sí mismo embajador. Todo esto se hizo sin ningún permiso del gobierno central, y Tokio aceptó de mala gana el estado de Manchukuo, puesto que era un hecho consumado.

Al darse cuenta de las implicancias de permitir que esta rama del ejército japonés tuviera el control sobre Japón, el primer ministro Inukai Tsuyoshi intentó contener al ejército de Kwantung antes de que fuera asesinado por rebeldes de la armada japonesa que querían que los militares controlaran el gobierno. La trama, conocida como el Incidente del 15 de mayo, también incluía atacar a otros políticos prominentes e incluso asesinar al famoso actor de cine Charlie Chaplin para aumentar la tensión con los Estados Unidos; sin embargo, Chaplin estaba viendo un combate de sumo con el hijo del primer ministro y pudo escapar.

**Levantamiento de la Derecha**

Después de que el primer ministro fuera asesinado, más jóvenes radicales se opusieron vehementemente a cualquier reducción en el gasto militar e intentaron un golpe de estado en 1936 bajo el liderazgo de Shumei Okawa. Como el emperador Hirohito se encontraba políticamente a la derecha, le ofendió el hecho de que estos jóvenes radicales izquierdistas estuvieran tratando de manipularlo. Respondió reprimiendo el golpe y arrestando a los perpetradores. Algunos fueron ejecutados, incluido Ikki Kita, un destacado socialista que se oponía a la dominación imperial.

En 1936, los liberales asesinaron a Takahashi Korekiyo, un miembro bastante conservador de la Cámara de los Pares. Takahashi fue uno de los políticos que apoyó una reducción en el gasto militar, ya que era miembro del partido Rikken Seiyukai, que respaldaba los florecientes intereses económicos de Japón.

De este modo Japón estaba en camino hacia un gobierno autocrático. La Dieta aprobó las intervenciones militares unilaterales y el expansionismo con el objetivo de establecer un imperio japonés. Los partidos políticos y las asociaciones que promovían esta ideología proliferaron, incluidos la Sociedad para la Vía imperial, el Partido de la Fundación Nacional, la Sociedad para la Preservación de la Esencia Nacional y la Sociedad de la Pureza Nacional.

## La Segunda Guerra Chino-Japonesa

Fortalecido por su conquista de Manchuria en 1931, Japón agresivamente fue por todos los derechos que sentía que merecía después de la Primera Guerra Mundial. Su liderazgo clamaba por el control de China sin ninguna concesión, así como del sudeste asiático para establecer el "Imperio de Japón". Los chinos, especialmente, querían mantener la soberanía de su país, el control que habían mantenido durante siglos. En virtud del Tratado de Versalles, Japón tuvo que renunciar al control de la provincia de Shandong, que ocupó durante la guerra. Los japoneses se ofendieron por eso y consideraron que el acuerdo forjado en Versalles era un tratado desigual.

Durante la era Taisho, Japón no solo se había anexado Manchuria, sino que también obtuvieron los derechos de las materias primas en Mongolia interior. Por otro lado, Chiang Kai-shek, presidente del Gobierno Nacional de la República de China, dedicó sus esfuerzos a tratar de desarrollar los ideales de una China nacionalista. Se opuso a los comunistas que abogaban por un frente unido contra los japoneses. En vista del hecho de que se oponía a Japón, Chiang Kai-shek intentó eliminar la influencia japonesa de China. Ese hecho dio lugar a la Segunda Guerra Chino-Japonesa, que formaría parte de la Segunda Guerra Mundial.

Todo comenzó en 1937 cuando Japón obtuvo el control del Puente Marco Polo, que conducía a la ruta principal hacia Beijing. En represalia, Chiang Kai-shek hizo que sus fuerzas sitiaran el Asentamiento Internacional de Shanghái, que era un territorio compuesto por civiles británicos y estadounidenses. Aunque algunos han calificado el bombardeo posterior como accidental, el resultado fue el mismo. Tres mil civiles japoneses fueron asesinados, y después de eso, el ejército chino atacó a la armada japonesa estacionada cerca de Shanghái.

*La Batalla de Shanghái*

Después de la destrucción del Asentamiento Internacional de Shanghái, los aviones chinos bombardearon barcos japoneses en y cerca del puerto en 1937. Aunque los pilotos chinos libraron una feroz batalla en el aire sobre Shanghái, los japoneses pudieron mantener sus posiciones defensivas durante un tiempo, ya que los chinos sufrieron grandes bajas frente a los japoneses más experimentados. Después que las tropas japonesas capturaran el distrito de Dachang dentro de Shanghái, el Ejército Nacional Revolucionario de China se vio obligado a retirarse.

Desde el principio, Japón quería detener la guerra y discutir los términos, pero su victoria en Shanghái renovó el interés de Japón en continuar, por lo que se autorizaron más ataques.

*La Batalla de Nankín*

En 1937, Nankín era la capital de China. Después que conquistara Shanghái, Japón marchó sobre esta ciudad. El general Iwane Matsui contraatacó, y las dos partes lucharon durante dos días. No obstante, Chiang Kai-shek abandonó la defensa de Nankín, ya que sus fuerzas no pudieron resistir porque lo superaban en número de dos a uno. Muchos de los soldados chinos se despojaron de sus uniformes y desaparecieron entre la población no combatiente.

Ensoberbecido por su victoria, el ejército japonés ejecutó a prisioneros de guerra chinos, masacró a la población civil, violó a mujeres y saqueó tiendas y hogares. Esto provocó una protesta internacional y se hizo conocida como la Masacre de Nankín.

*La Batalla de Wuhan*

En 1938, Chiang Kai-shek tuvo que trasladar la capital de la ciudad conquistada de Nankín a Wuhan. Los ríos Yangtsé y Han dividen la ciudad en tres regiones: Hankou, Hanyang y Wuchang. Hankou era la región comercial, Hanyang el distrito industrial y Wuchang la sede del gobierno. Las fuerzas japonesas siguieron a Chiang Kai-shek, que quería defender el ferrocarril estacionado en Wuhan y tener alojamiento para sus oficinas administrativas. China colocó allí una gran cantidad de tropas, cerca de 800.000. Los chinos defendieron obstinadamente el área del ejército de Kwantung, por lo que Japón, desesperado, lanzó un ataque con gas venenoso y luego se apoderó de Wuhan.

La lucha continuaría en 1939, y los japoneses ganaron Wuhan, pero su victoria tuvo un alto costo. Se estima que se produjeron 1.2 millones de bajas contando ambas partes. La ofensiva dejó a los japoneses bastante debilitados, y la batalla solo les compró a los chinos tiempo extra para mover sus fuerzas y equipos más hacia el interior, convirtiendo esta victoria táctica para los japoneses, en una estratégica para los chinos.

*La Batalla de Suixian-Zaoyang*

En abril de 1939, el ejército chino tenía su 77a División defendiendo este territorio del sudeste debido a los bloqueos de puertos japoneses. Los chinos intentaban evitar que Japón aterrizara allí y se moviera tierra adentro. Por supuesto, los chinos estaban más familiarizados con el terreno, que era muy montañoso, y Japón perdería la batalla a fines de mayo. Esto pareció ser un punto de inflexión en la guerra, ya que vigorizó al ejército chino que se inspiró para continuar resistiendo, esperando que esto se convirtiera en una guerra de desgaste.

*La Batalla del Paso Kunlun*

En 1939, los chinos habían estado recibiendo provisiones militares a través de la Indochina francesa a través del paso montañoso de Kunlun. Japón, que ya tenía un control limitado de Kunlun, quería cortar más envíos a China. La recién formada 200a División del Ejército Revolucionario Chino era una fuerza de combate despiadada y decidida. Bajo la dirección del comandante de brigada Dai Anlan, a principios de 1940 los chinos pudieron dividir las fuerzas terrestres japonesas defensoras en el paso, matando al mayor general japonés

Masao Nakamura en el proceso. En ese momento, los japoneses solo podían confiar en su poder aéreo, pero no pudieron prevalecer. Por lo tanto, los chinos recuperaron con éxito el control del Paso Kunlun.

Después de eso, China trasladó su capital a Chungking. Chiang Kai-shek luego siguió moviendo su ejército hacia el oeste hacia el río Yangtsé y continuó presentando una feroz resistencia. En 1938, el general Iwane Matsui de China recibió un mensaje que iba a ser relevado de su mando, junto con otros ocho miembros de su personal superior, por lo que hubo una reestructuración de la estructura de comandos.

De 1939 a 1942, Japón intentó bloquear los puertos chinos a lo largo de la costa.

*El Incidente de Tientsin*

En 1939, el ejército japonés bloqueó las concesiones extranjeras en el puerto chino de Tientsin porque los británicos tomaron la custodia de cuatro hombres chinos que mataron a un funcionario japonés. Cuando Japón solicitó su entrega a las autoridades japonesas, los británicos se negaron. Los japoneses respondieron exigiendo descaradamente las reservas de plata en bancos británicos; también registraron a todos los que abandonaban el puerto y bloquearon la importación de alimentos y combustible.

En vista de que esto aceleraría y ampliaría la guerra, Gran Bretaña devolvió a Japón la custodia de los chinos que fueron ejecutados sumariamente.

*La Batalla de Henan Sur*

A principios de 1941, los japoneses se enfrentaron con el Ejército Revolucionario Chino en la provincia de Henan. Los japoneses escindieron su ejército en tres divisiones para atacar a los chinos. No obstante, los chinos evitaron asaltos frontales y extendieron sus fuerzas para persuadir a los japoneses a que se redujeran a una línea. Luego, los chinos maniobraron de tal manera que pudieron flanquear y aplastar a los japoneses. Antes de que pudieran hacer ese movimiento de mordaza, los japoneses se retiraron y los chinos aún pudieron mantener el control de Henan.

## Interferencia Americana

A partir del año 1938, Estados Unidos otorgó préstamos a China al enterarse de la muerte de civiles chinos desarmados. Además, Estados Unidos era consciente de la posición militar inferior de China y comenzó a proporcionarle armas y municiones. Además, los Estados Unidos se opusieron al uso de productos militares manufacturados por Japón, como aviones, municiones e incluso petróleo para barcos y aeronaves. Aparte de algunos embargos morales, que prohibían el envío de materiales de guerra al Japón imperial, Estados Unidos no quería involucrarse demasiado en el conflicto en el Pacífico. Dado que Estados Unidos protestó vehementemente por las acciones agresivas contra China por parte de Japón, las posiciones estadounidense y japonesa se volvieron irreconciliables. El secretario de Estado de Estados Unidos, Cordell Hull, se esforzó por lograr un acuerdo entre China y Japón, pidiendo la retirada de Japón de China, el reconocimiento del liderazgo soberano de Chiang Kai-shek y una política de no agresión entre Japón y las islas del océano Pacífico.

Se celebró una conferencia imperial en Tokio, y se decidió que la solución estadounidense era inaceptable. En 1941, el Ministro de Guerra Hideki Tojo fue nombrado primer ministro y defendió de viva voz las políticas expansionistas de Japón en el Pacífico. En noviembre del mismo año, el almirante Isoroku Yamamoto, que en realidad estaba en contra de la guerra con China hasta el punto de recibir amenazas de muerte, ordenó un ataque contra la flota naval estadounidense en Pearl Harbor, Hawái, para atacar preventivamente a los EE. UU. en la inevitable guerra entre los dos países.

Cordell Hull sintió que podría haber un ataque japonés contra los acorazados estadounidenses, pero pensó que ocurriría en Filipinas o Malasia. Sin embargo, ese no fue el caso. El 7 de diciembre de 1941, temprano por la mañana, se lanzaron aviones japoneses para atacar la base naval de Pearl Harbor. Como resultado, 188 aviones estadounidenses fueron destruidos, ocho acorazados fueron dañados, hundiéndose cuatro de ellos y 2.403 estadounidenses, tanto soldados como civiles, fueron asesinados, y 1.178 heridos. Las pérdidas japonesas fueron leves en comparación, solo la destrucción de 29 aviones y la muerte de 64 hombres en acción. Fue una innegable tragedia en los anales de la historia estadounidense, pero fue una gran victoria para los japoneses, que ese mismo día declararon la guerra a los Estados Unidos.

# Capítulo 10 - Japón en la Segunda Guerra Mundial y Sus Secuelas

Aunque los japoneses declararon la guerra ese día, el mensaje no se entregó hasta el día siguiente, el mismo día en que Franklin Delano Roosevelt pronunciara su *Discurso de la Infamia* y el Congreso de los Estados Unidos declarara la guerra a Japón. Tres días después, Benito Mussolini, el dictador de Italia, y Adolfo Hitler, el líder de la Alemania nazi, declararon la guerra a los Estados Unidos. Luego, Estados Unidos se unió a los aliados europeos: el Reino Unido, Francia, la Unión Soviética, China, Australia, Canadá, Sudáfrica, entre otros, para luchar en el teatro de guerra europeo, así como en el teatro del Pacífico. Japón se había unido a lo que se llamó los Poderes del Eje, Alemania e Italia, junto con otros países menos poderosos, cuando firmaron el Pacto Tripartito con ellos en septiembre de 1940.

**La Campaña de Filipinas**

Nueve horas después del ataque a Pearl Harbor, Japón atacó a las Islas Filipinas. Japón lanzó su invasión desde Taiwán, que en ese momento controlaban. Los defensores aliados en las islas eran miembros de la Guardia Nacional de Filipinas y otras varias tropas que no esperaban participar en ninguna acción decisiva en la

Segunda Guerra Mundial. A pesar de que su llegada fue una total sorpresa, las fuerzas filipino-estadounidenses lograron aguantar hasta abril, aunque la resistencia de la guerrilla contra los ocupantes japoneses continuaría después de eso.

## Las Campañas de las Indias Orientales Malaya y Holandesa

Como estas islas estaban tan juntas, las pérdidas infligidas en un territorio afectaban al otro. Una hora antes del ataque a Pearl Harbor, los japoneses desembarcaron en Malasia, luchando contra el ejército indio británico que se encontraba allí. El aeropuerto ubicado en Kota Bharu, donde se desarrollaban los combates, fue capturado, seguido de la captura de más aeropuertos al día siguiente. Los británicos no lograron reforzar sus tropas en disminución a lo largo de esta campaña, y junto con la temporada de los monzones, no fueron un rival para los japoneses, que inteligentemente usaron bicicletas para abrirse camino a través del pesado terreno de la jungla. Pudieron hacer retroceder a los británicos, indios y australianos, ganando batalla tras batalla. A finales de enero, toda Malasia estaba en manos de los japoneses.

El 17 de diciembre de 1941, los japoneses planeaban atacar Borneo, aterrizando en Malasia para comenzar sus ataques aéreos a la isla. Después de ganar algunas áreas importantes en Borneo, decidieron capturar los recursos petroleros en las Indias Orientales, lo que paralizaría los esfuerzos de guerra aliados en el Pacífico. Dado que el CEBHA (Comando estadounidense-británico-holandés-australiano) tenía puntos de vista diferentes sobre lo que era más importante proteger, no pudieron detener el avance de los japoneses, que también eran mucho más numerosos que ellos. Aunque el CEBHA resistió ferozmente a los japoneses, estos habían logrado ganar muchos aeropuertos en las Indias Orientales holandesas y habían diezmado sus fuerzas navales a fines de febrero. El 9 de marzo, los holandeses se rindieron.

## La Batalla de Hong Kong

En la mañana del 8 de diciembre de 1941, Japón atacó la colonia británica de Hong Kong. Allí había una enorme guarnición, con unidades chinas, británicas y canadienses. La batalla se extendió desde la guarnición a muchas áreas vecinas, y a pesar de la gran cantidad de tropas aliadas, las fuerzas japonesas las superaban significativamente en número. Este conflicto duró casi un mes, pero las fuerzas aliadas tuvieron que abandonar Hong Kong, dejándolo en manos de los japoneses.

## La Campaña de Birmania

En enero de 1942, Japón invadió Birmania (el país), principalmente debido a la Ruta de Birmania, que era una importante ruta de suministro a China, y cuyo control privaría a China de los suministros que tanto se necesitaban. Birmania también tenía minerales y mucho arroz, que podían servir para alimentar a las tropas japonesas durante la guerra. Para reforzar su éxito potencial, Japón reclutó a muchos birmanos tailandeses. Tailandia y Japón crearon un verdadero acuerdo entre ellos, y los tailandeses asumieron gran parte de la responsabilidad de conducir la batalla.

Las fuerzas aliadas, Gran Bretaña, Estados Unidos y China resistieron brevemente en Rangún, la ciudad capital, pero los vigorosos japoneses las obligaron a retroceder. En medio de la locura, miles de ciudadanos birmanos intentaron escapar del país. El gobierno se volvió progresivamente más incompetente para organizarse en medio de la confusión y evacuar a los civiles. Los japoneses aprovecharon esa oportunidad para derrotar a las tropas chinas mientras trataban de huir a la India. Con la ayuda del teniente general estadounidense Joseph Stilwell, los caóticos chinos se reorganizaron y volvieron para un contraataque. No obstante, muchos de ellos murieron cuando intentaban atravesar una región montañosa. Aunque los aliados británicos y estadounidenses superaban en número a los japoneses, estaban mal entrenados y casi 31.000 de ellos murieron.

La batalla se extendió por toda la región y resultó en la ocupación japonesa de Birmania, aunque las acciones militares ocurrirían y volverían a ocurrir cada vez que los estadounidenses y los británicos renovaran sus ataques. Debido al rol estratégico de Birmania, las fuerzas aliadas nunca se rindieron en su intento de controlarla. En 1943, Lord Louis Mountbatten asumió el mando aliado y puso al mariscal de campo William Slim al frente de las tropas de tierra. En lugar de emplear las técnicas de guerrilla que los británicos habían usado anteriormente en la campaña, ahora tenían apoyo aéreo. Eso les daba a las fuerzas aliadas acceso a suministros, y no tenían que usar las tácticas de ataque y retirada. Una vez ocurrido esto, ahora los Aliados podían luchar en los campos abiertos del norte en lugar de la selva, lo que les permitiría ganar terreno. Más tarde, en 1945, la segunda ciudad más grande, Mandalay, caería en manos de los aliados. Los aliados cruzaron el río Irrawaddy y tomaron Rangún. Bolsones de japoneses continuaron luchando, intentando escapar a Tailandia. No obstante, Tailandia contaba con el apoyo de los rebeldes pro aliados, lo que impidió el afianzamiento de los japoneses. En julio de 1945, unos meses antes de que terminara la guerra, los aliados ocuparon Birmania.

**La Batalla de Singapur**

Entre el 8 y el 15 de febrero de 1942, el imperio japonés atacó la base militar británica en Singapur. Esta era una base naval considerable, y se la consideraba la clave para el éxito británico en el teatro de guerra del Pacífico. Los aliados ya habían sufrido graves pérdidas en las campañas anteriores, en particular, la malaya, pero intentaron pelear ferozmente. Sin embargo, no eran rival para los japoneses. Fue una gran pérdida para los aliados, y la rendición británica más grande en la historia: 80.000 tropas británicas, indias y australianas se convirtieron en prisioneros de guerra (junto con los 50.000 tomados durante la campaña malaya). No solo eso, sino que sus buques de guerra fueron diezmados o hundidos por la hábil armada japonesa.

## La Batalla del Mar de Coral

A principios de mayo de 1942, Japón buscaba establecer una base en el sur, desde la cual tener el control del Pacífico Sur, en particular, codiciaban Port Moresby en la costa sur de Nueva Guinea. Todos los combates fueron realizados por portaaviones en el mar e incluyeron la participación australiana. Ambas partes afirmaron ser victoriosas en esta batalla, ya que los japoneses obtuvieron una victoria táctica al hundir varios barcos estadounidenses, incluido el *Lexington*, que representaba una buena parte de la fuerza de los cargueros estadounidenses en el Pacífico. Sin embargo, los japoneses no pudieron hacerse del control del puerto, que hubiera sido un punto de anclaje ubicado estratégicamente en el sur del Pacífico. Esta también fue la primera vez que la fuerza invasora japonesa fue rechazada de su objetivo, lo cual levantó enormemente la moral de los aliados.

## La Batalla de Midway

Midway es una isla que se encuentra al noroeste de Hawái. A principios de junio de 1942, el almirante Isoroku Yamamoto y su flota zarparon de las islas Aleutianas frente a Alaska (entonces conocidas como el territorio de Alaska) y atacaron lo que él predijo que serían barcos estadounidenses que aún operaban en el área. Sin embargo, el almirante estadounidense Chester Nimitz estaba en posesión de los códigos para descifrar las transmisiones japonesas y estaba preparado. Atacó los barcos japoneses desde tierra y desde portaaviones, paralizándolos. Japón perdió cuatro de sus portaaviones y se retiró.

## La Campaña de Guadalcanal

Transcurría el mes de agosto de 1942. Al no haber podido ganar su codiciada posición en el Pacífico Sur, Japón necesitaba encontrar otra que fuera adecuada. Debido a que Australia estaba arrojando desde el aire suministros a los aliados en el Pacífico, Japón estaba en el proceso de construir una base aérea en el área norte de las Islas

Salomón frente a la costa de Nueva Guinea. Esas islas están ubicadas al noreste de Nueva Guinea y están cubiertas por densas selvas. Ese factor geográfico permitió a las dos partes ocultar sus actividades. De hecho, muchos de los isleños que vivían allí no estaban al tanto de su presencia, particularmente de la base japonesa. Los barcos japoneses cerca de Nueva Guinea y las Islas Salomón enviaban suministros y materiales a la isla de Guadalcanal y al área circundante del Pacífico Sur sigilosamente por la noche a través de una ruta denominada "Expreso a Tokio".

Los aliados estaban decididos a evitar que Japón usara su base de Guadalcanal para impedir que los estadounidenses montaran operaciones en el Pacífico Sur, para lo cual lanzaron un ataque ofensivo y lograron tomar el control de la base, a la que llamaron Campo Henderson. El almirante Isoroku Yamamoto tenía 1.400 soldados y 500 marineros, a quienes ordenó retomar la base. Además, Japón tenía buques de guerra en posición junto con una fuerza carguera formidable. Se produjeron ataques terrestres y aéreos, y el mar se llenó de torpedos y de humo del bombardeo de los barcos. Uno de los cargueros japoneses, el *Ryujo*, fue hundido a fines de agosto. No obstante, los otros dos cargueros, el *Shokaku* y el *Zuikaku*, no sufrieron daños. Estados Unidos tenía dos cargueros, el USS *Saratoga* y el USS *Enterprise*.

En octubre de 1942, las tropas terrestres japonesas intentaron tomar Campo Henderson. Condujeron ataques navales y terrestres antes de enviar aviones. El bombardeo continuó hasta que el aeródromo fuera destruido, pero Japón no lo capturó. Tan pronto como se despejase la neblina, los estadounidenses iniciaron reparaciones y pidieron el reemplazo de aviones y barcos.

En noviembre, los japoneses intentaron nuevamente tomar la base aérea. Sin embargo, un avión estadounidense vio el acercamiento de la fuerza del vicealmirante Hiroaki Abe y alertó a los aliados. En la madrugada del 13 de noviembre de 1942, el contraalmirante estadounidense Daniel Callaghan y su fuerza interceptaron a la fuerza de Abe. En la oscuridad, la fuerza de los dos buques de guerra se abrieron fuego mutuamente, haciendo la batalla se volviera muy caótica. Abe logró hundir o dañar seriamente todos los cruceros menos un destructor de la flota de Callaghan. Callaghan también murió en la batalla, junto con el contralmirante estadounidense Norman Scott.

Aunque los aliados perdieron la batalla, lograron infligir daños a las fuerzas japonesas. Dos destructores japoneses fueron hundidos, y el *Hiei*, un acorazado, sufrió graves daños; en realidad, el *Hiei* se hundió más tarde ese mismo día. Debido a esta destrucción de su fuerza, Abe ordenó a sus hombres que se retiraran.

Al día siguiente, 14 de noviembre, el vicealmirante Mikawa Gunichi supervisó una fuerza compuesta de un crucero y un destructor que fueron enviados a atacar el Campo Henderson. Causaron algunos daños, pero no fueron increíblemente exitosos en sus esfuerzos. Cuando se retiraban, el contralmirante Raizo Tanaka, creyendo que Campo Henderson ya no operable, comenzó a dirigirse hacia Guadalcanal. Durante todo el día, aviones de Campo Henderson y el *Enterprise*, un portaaviones estadounidense, atacaron a las fuerzas de Mikawa y Tanaka, y lograron hundir un crucero pesado y siete de los transportes japoneses.

Tanaka continuó su carrera hacia Guadalcanal, y el almirante Nobutake Kondo comenzó a acercarse a Campo Henderson para comenzar su bombardeo. El almirante William Halsey Hijo envió al *Washington* y al *Dakota del Sur*, dos acorazados estadounidenses, junto con cuatro destructores para derribar la fuerza de Kondo. Kondo dio rápida cuenta de la flota aliada, hundiendo a tres de los destructores y dañando al cuarto. Cuando se concentraron en el ataque al *Dakota del Sur*, el *Washington* logró ubicarse detrás y abrió fuego sobre el *Kirishima*, un buque de guerra japonés, causando grandes daños al mismo.

Kondo ordenó la retirada, y cuatro transportes japoneses llegaron a Guadalcanal y trataron de descargar los pertrechos. Poco después, el apoyo aéreo y terrestre estadounidense destruyó el equipo. Todavía quedaban algunas tropas japonesas en Guadalcanal, pero los envíos de alimentos y suministros a través del Expreso de Tokio eran insuficientes para los japoneses allí varados. Muchos murieron de desnutrición y enfermedades. Por último, el 12 de diciembre, Japón abandonó cualquier esfuerzo para retomar Guadalcanal.

**Ataques Aéreos de los Aliados sobre Japón**

A mediados de 1944, las fuerzas aliadas (Estados Unidos, Gran Bretaña y China) decidieron atacar al Japón. Los bombarderos estadounidenses B-24 "Liberator" (Libertador) y los bombarderos B-29 "Superfortress" (Superfortalezas) salieron de las Islas Marianas, que se extienden al sureste de Japón. Hubo bombardeos sobre la ciudad de Osaka en marzo, junio y agosto. Se arrojaron un total de más de 1.700 bombas y la ciudad quedó en ruinas. En marzo de 1945 en Kobe, fueron bombardeados objetivos civiles, lo que dio lugar a graves acusaciones basadas en razones éticas. En junio de 1945, los bombarderos atacaron Fukuoka, destruyendo casi una cuarta parte de la ciudad.

**La Batalla de Okinawa**

Okinawa es una de las islas del área de Kyushu en Japón, ubicada al sur del país, a solo 300 millas al norte de Taiwán. La batalla de Okinawa comenzó a principios de abril de 1945 con un ataque anfibio de los Estados Unidos para ganar la base aérea ubicada allí para comenzar la Operación Downfall (Derrumbe), lo que haría que los aliados invadieran las islas de Japón. La batalla no terminaría sino hasta finales de junio, lo que significa que, a mediados de esta campaña, la guerra en Europa ya había terminado, dado que Alemania se había rendido en mayo.

Esta batalla fue una lucha increíblemente feroz entre las dos partes. Japón utilizó pilotos kamikaze para feroces ataques diseñados para destruir grandes áreas y equipos enemigos estrellando un avión cargado de bombas directamente contra los objetivos. Estos también resultaron en la muerte de los pilotos, pero estaban completamente preparados para hacer ese sacrificio. Un gran número de tanques aliados estacionados en Okinawa bombardearon las defensas japonesas durante casi tres meses, sin mencionar los barcos que rodeaban la isla. Debido a la intensa lucha, esta fue una de las batallas más sangrientas de la guerra, con alrededor de 160.000 bajas de ambos lados.

Quizás una de las mayores tragedias de esta batalla fue la pérdida de vidas civiles. Las estimaciones indican que vivían en la isla alrededor de 300.000 civiles, y para el final de la guerra, entre un décimo y un tercio de la población había muerto. La razón se debió en parte a que a los estadounidenses les resultaba difícil, o simplemente no les importaba lo suficiente, distinguir entre civiles y soldados. Un soldado informaría: "Algunas de las casas, devolvieron los disparos, pero las otras probablemente estaban ocupadas por civiles y no nos importó... Los estadounidenses siempre tuvimos una gran compasión, especialmente por los niños (pero) ahora disparamos indiscriminadamente". Sin embargo, los japoneses también mostraron indiferencia hacia los civiles, usándolos a menudo como escudos, confiscando su comida y asesinando a aquellos que escondían comida o que pensaban que podían ser espías. Muchos perecieron por el hambre y la malaria, pero otros se suicidaron después que las fuerzas japonesas, sabiendo que su derrota era inminente, les dijeron que los estadounidenses los matarían y violarían, ya que muchos creían en el estereotipo de los americanos, que eran bárbaros capaces de cometer realmente tales crímenes.

La anexión de Okinawa originalmente tenía la intención de proporcionar un lugar desde el cual se pudiera lanzar una invasión terrestre y aérea a gran escala sobre la isla de Japón. Sin embargo, se descartó esa estrategia a favor de un plan para usar dos bombas atómicas en Nagasaki e Hiroshima. Los aliados se pusieron en contacto con el emperador Hirohito de Japón y exigieron su rendición total e incondicional, o de lo contrario Japón enfrentaría una "destrucción total". El emperador se negó, y el plan siguió adelante.

## Bombardeos Atómicos de Nagasaki e Hiroshima

El 6 y 9 de agosto de 1945, las fuerzas estadounidenses lanzaron las bombas sobre Nagasaki e Hiroshima. Entre 70.000 y 80.000 personas murieron en Hiroshima por la explosión y la tormenta de fuego resultante. Dado que Japón no mostraba indicios de rendirse después de que el presidente de Estados Unidos, Harry Truman, se lo pidiera una vez más, los aliados acordaron lanzar la otra bomba sobre Nagasaki; entre 25.000 y 75.000 personas murieron de inmediato. Aunque, durante meses y años después, la gente siguió muriendo de enfermedades causadas por la radiación y lesiones relacionadas, y también del hambre que se produjo como consecuencia. Se ha estimado que entre 90.000 y 146.000 personas murieron en Hiroshima en los dos o cuatro meses posteriores, y las estimaciones para Nagasaki oscilan entre 39.000 y 80.000.

## El Incidente de Kyujo: ¿Fue un golpe?

El 12 de agosto de 1945, el General de Kenji Hatanaka, los Tenientes Coroneles Ida Masataka, Masahiko Takeshita, y Masao Inada se acercaron al ministro de la Guerra, Korechika Anami, pidiéndole que evitara cualquier intento de rendirse. Después del emperador, Anami era el hombre más importante de Japón, pero se negó, y les dijo que planeaba pedirle al emperador Hirohito que grabara el anuncio de que Japón se rendiría incondicionalmente a los aliados.

Muchos de los comandantes militares sentían que Japón tenía que continuar resistiendo a los aliados. Estaban convencidos de que los japoneses serían esclavizados por las fuerzas aliadas, a pesar de que los acuerdos preliminares no especificaban tal cosa. El emperador grabó la rendición para que fuera transmitida y la puso en manos de los comandantes de la Guardia Imperial, el teniente general Takeshi Mori y el general Shizuichi Tanaka.

Kenji Hatanaka, un oficial militar, decidió poner en marcha un plan para detener la rendición. Él y un grupo de hombres lograron convencer al coronel Toyojiro Haga para que se uniera a la causa; aunque para conseguirlo le mintió. Hatanaka le dijo a Haga que los comandantes del Ejército del Distrito Oriental y la División de la Guardia Imperial, todos estaban de acuerdo con el plan. Esperaba que Haga, solo por estar dentro del palacio, haría que otros miembros del ejército se sintieran motivados a unirse y continuar la guerra.

Una vez dentro, Hatanaka le disparó y mató al teniente general Takeshi Mori, porque se negó a unirse a los rebeldes. Hatanaka también asesinó al cuñado de Mori, Michinori Shiraishi, quien estaba en una reunión con Mori cuando Hatanaka y sus fuerzas irrumpieron en el palacio. Hatanaka luego hizo que sus rebeldes cortaran las líneas de comunicación con el mundo exterior.

Casi al mismo tiempo, otro grupo de rebeldes se dirigieron a matar al primer ministro Kantaro Suzuki. Sin embargo, Suzuki ya había sido advertido, de modo que el edificio estaba vacío. Los rebeldes decidieron quemarlo y luego se dirigieron a la casa de Kiichiro Hiranuma, el ex primer ministro, para matarlo. Si bien se las arregló para escapar, su casa fue incendiada.

El complot de Hatanaka comenzó a desmoronarse, y se le informó que el Ejército del Distrito Oriental estaba en camino para sofocar la rebelión. Hatanaka les suplicó que le dieran tan solo diez minutos en el aire para explicarle al público lo que estaba tratando de lograr, pero se lo negaron. Para empeorar las cosas, Haga descubrió que el Ejército del Distrito Oriental no había apoyado los planes de Hatanaka y le ordenó que abandonara las instalaciones.

Hatanaka intentó entrar al estudio de grabación para darse tiempo de aire, pero fue en vano. Salió de los terrenos del palacio y lanzó folletos por las calles en los que explicaba, ya que no pudo encontrar ninguna otra vía para explicar los motivos de la rebelión. Una hora antes de que el emperador transmitiera la rendición de Japón, Hatanaka se pegó un tiro.

Japón se rindió oficialmente el 14 de agosto de 1945. El 2 de septiembre, el general Douglas MacArthur presidió los procedimientos donde firmaron el Instrumento de Capitulación de Japón.

**Japón Ocupado**

Entre 1947 y 1952, los Estados Unidos ocuparon Japón. Durante ese período, las metas eran reforma y recuperación, con el objetivo final de diseñar un tratado y un acuerdo de paz. Shigeru Yoshida se desempeñó como primer ministro y puede ser reconocido como una de las personas que impulsó a Japón a transformarse de un país devastado en uno con una economía sana que igualara los niveles anteriores a la guerra.

En primer lugar, se consideró necesario un conjunto de leyes más democráticas, que no favoreciera a las élites ni a los ricos. El poder del *zaibatsu* era inmenso hasta el punto de que prácticamente controlaba la economía, y era necesario un mayor pluralismo para dar movilidad ascendente al pueblo. El papel del emperador era casi divino hasta el punto de que cualquier error que pudiera cometer reverberaría en toda la sociedad y podría tener efectos no deseados. La intención de la ocupación estadounidense era otorgar a Japón la libertad de recomponerse con los suyos y otorgar a todos el derecho de participar en la creación de leyes que les sirvieran.

Debido a que el país había sufrido los efectos negativos de ser administrado por una clase de élites, la casa imperial o empresarios ricos, era necesario eliminar a los líderes de alto rango que simplemente repetirían los errores del pasado. Una nueva generación de líderes era esencial para preservar la libertad. También se consideraba que los militares no deberían ocupar cargos políticos.

Además de establecer las bases para la democracia, la economía fue fundamental para la supervivencia e integridad de Japón como país soberano. Joseph Dodge, un banquero de Detroit, se desempeñó como consultor para reconstituir el sistema financiero y equilibrar el presupuesto. También estableció el tipo de cambio para el yen japonés.

## La Constitución de 1947

La constitución de la posguerra, que reemplazara a la Constitución de Meiji, preveía un gobierno parlamentario con miembros de la Dieta elegidos. Garantizaba a los japoneses sus derechos a la vida, libertad, igualdad, libertad académica y negociación colectiva. La Dieta era la única división legislativa, y la rama judicial se hizo independiente.

## El Tratado de San Francisco

El 8 de septiembre de 1951, se firmó este tratado entre las potencias aliadas y Japón. Establecía relaciones pacíficas con Japón y expresaba su disposición a aceptar el juicio del Tribunal Militar Internacional sobre los crímenes de guerra cometidos durante la guerra, incluida la indemnización a los civiles y otras personas que habían sufrido a causa de ellos. Japón debía tener derechos sobre sus islas principales, pero tenía que renunciar a todos los derechos y títulos sobre las Islas Pescadores, Taiwán y las islas que había ganado durante la Segunda Guerra Mundial. Japón retuvo algunos derechos residuales sobre las Islas Ryukyu, en espera de futuras revisiones. En virtud del Acuerdo de Reversión de Okinawa de 1971, las islas Ryukyu fueron devueltas a Japón en 1972 y se convirtieron en una de las prefecturas japonesas.

Japón recuperó la plena soberanía, pero su ejército fue desmantelado y el país desarmado. Más tarde, en 1954, el ejército se reorganizó en una fuerza defensiva llamada Fuerzas de Autodefensa de Japón. Actualmente, eso ha cambiado con respecto a la participación en conflictos fuera de Japón que tienen un impacto en la seguridad japonesa.

El Tratado de Cooperación y Seguridad Mutua entre los Estados Unidos y Japón fue elaborado en 1951 y revisado en 1952. Delineó las obligaciones de defensa mutua y la cooperación económica.

Después de que se firmara el tratado, Estados Unidos continuó ocupando Japón, y el Consejo Supremo de las Potencias Aliadas (CSPA) asumió la tarea de reconstruir Japón e inició esfuerzos para revivir su economía. Se instituyeron cambios como la reforma agraria, las limitaciones impuestas al poder del *zaibatsu*, la reducción del poder del emperador a favor del sistema parlamentario, la concesión de mayores derechos a las mujeres, la renuncia a su derecho a declarar la guerra transformándola para cumplir únicamente a una función defensiva, iniciar reformas fiscales y reducir la inflación.

La inflación se produjo porque las industrias japonesas estaban sujetas a la repentina afluencia de contratos debido a la necesidad internacional de provisiones para guerras que se libraban en el extranjero. Dodge había iniciado un programa de austeridad con controles de precios para ayudar a Japón a evitar una mayor inflación. El CSPA, a través de su orientación, estableció políticas para Japón que evitarían los frecuentes rescates gubernamentales de empresas en quiebra, ya que eso agotaría el presupuesto nacional. En sectores como la agricultura que estaban sujetos a pérdidas intermitentes, recomendó un sistema de subsidios controlados.

**Corea**

En 1910, Japón había anexado Corea, pero después de la guerra, el territorio ya no les pertenecía. En lugar de poner el territorio en manos de un país, Corea fue dividida a lo largo del paralelo 38, con la parte norte inclinándose a la Unión Soviética y la parte sur a los Estados Unidos. Aunque hubo algunos intentos de reunir al país después de esta división inicial, para 1948, estaba claro que no iba a suceder. Corea del Norte, bajo la tutela de la Unión Soviética, en esencia se hizo comunista, lo que llevó a algunos ciudadanos a huir a Corea del Sur, cuyo jefe de gobierno estaba firmemente en contra del comunismo. En 1950, Corea del Norte atacó a Corea del Sur con la esperanza de unificar a ambos países bajo una sola bandera.

La guerra entre Corea del Norte y las fuerzas de las Naciones Unidas, lideradas por Estados Unidos, terminó formalmente en 1953, aunque solo se llegara a un punto muerto. El resultado aún no se ha resuelto, aunque actualmente se están llevando a cabo conversaciones para dar punto final oficial al conflicto en suspenso. El armamento que necesitaban los Estados Unidos, que participaron activamente en la guerra, fue provisto por la corporación japonesa "Modelo J", que es una corporación cuyos empleados están entrenados específicamente para los trabajos que realizan. Esta repentina inyección de dinero fue una bendición para Japón, ya que le aportó a su economía doce mil millones de dólares.

# Capítulo 11 – La Era Heisei

En 1989, moría Hirohito y lo sucedió su hijo, Akihito. Cuando Akihito muera, pasará a llamarse Emperador Heisei, que significa "lograr la paz". El período Heisei se extendió desde 1989 hasta 2019.

**Economía**

Después de que la tasa de crecimiento explotara hacia el final del mandato de Hirohito, creó lo que se llama una "economía de la burbuja". Las burbujas se rompen previsiblemente, por lo que las instituciones de crédito necesitaron que las rescatara el tesoro nacional. Como era de esperar, la economía se estancó, y los bancos e instituciones financieras se apresuraron a recuperar sus pérdidas. Como medida provisional, se otorgaron préstamos a bajo interés junto con incentivos especiales de reducción de impuestos para los prestamistas. Esta fue una medida imprudente, ya que se hizo inevitable que los prestatarios débiles pudieran incumplir. Este trauma económico obligó a Japón a pasar de una "nación acreedora" a una "nación deudora".

Surgieron algunos organismos financieros porque suponían que podían continuar siendo apoyados por el gobierno porque eran "demasiado grandes para fracasar". Sin embargo, el gobierno comenzó a darse cuenta de que esta práctica no debía continuar, ya que obligaba a las empresas a otorgar préstamos a tasas de interés ridículamente bajas y los obligaría a bajar los salarios. Finalmente, eso redujo el dinero en circulación. El dinero se estaba acumulando en manos de los pocos que eran "ricos en efectivo", dándoles un control casi exclusivo. Eso, a su vez, desanimó la inversión empresarial, agotó el producto interno bruto (PIB) y afectó al mercado de valores. De 1993 a 1996, hubo un período de estancamiento económico, y el ciclo se repitió nuevamente de 2009 a 2012.

**Planificación Económica**

Aunque Japón apoya la libre empresa, el país no es completamente capitalista ni socialista. Por ejemplo, los agricultores reciben subsidios, y el gobierno a menudo se apura con la ayuda monetaria si algunas áreas de la economía parecen estar rezagadas con respecto a otras.

En términos del mercado laboral, solo un segmento muy pequeño de la sociedad estaba involucrado en las industrias primarias: minería, agricultura y pesca. Un tercio de la población estaba en el sector industrial, y un gran segmento de la sociedad estaba en el sector de servicios. Para evitar que un segmento de la población se hundiera en la pobreza absoluta, Japón sintió que hasta cierto punto tenía que monitorear y controlar la economía. Esta función opera de manera independiente y está adscrita al ministerio de Estado, el que, a su vez, informa al primer ministro.

En 2001, se estableció un organismo llamado Ministerio de Economía, Comercio e Industria (MECI), que consta de varias secretarías: 1) la Secretaría de Política Económica e Industrial, 2) la Secretaría de Política Comercial, 3) la Secretaría de Cooperación Económica y Comercial, 4) la Secretaría de Ciencia y Tecnología Industrial y la Secretaría de Medio Ambiente, 5) la Secretaría de

Industrias de Manufactura, 6) la Secretaría de Política de Comercio e Información, así como algunos otros organismos relacionados.

**Planificación Ambiental**

Debido a que Japón es tan dependiente de las importaciones, se creó un nuevo ministerio llamado Secretaría de Gestión Ambiental reorganizando la Agencia Ambiental de 1971 en un ministerio a nivel de gabinete. En 2001, se efectivizó estableciendo un nivel de sub-Gabinete llamado Agencia Ambiental para disminuir la dependencia de una posible menor provisión de energía por parte de fuentes extranjeras reduciendo el consumo de energía. Japón aspiraba a tener un sistema de desarrollo sostenible. En parte, fue una reacción a la crisis del petróleo de 1973 que afectó negativamente a Japón, así como al resto del mundo. Japón hizo un serio esfuerzo para construir centrales nucleares y reducir el consumo eléctrico. La otra motivación para hacer esto tuvo que ver con protocolos de seguridad relacionados con desastres naturales como terremotos y tsunamis.

**Arte y Entretenimiento**

Históricamente, en tiempos de crisis económicas, la industria del entretenimiento tiende a expandirse. Cuando la gente se siente más estresada, las empresas aprovechan al máximo la oportunidad proporcionándole un medio de escape. La proliferación del arte estimula a las industrias que producen películas, videos, televisión, cómics y otros medios. Los japoneses son bien conocidos por dos estilos muy únicos: el anime y la manga.

El anime, un estilo de animación especial con un estilo de personaje claramente reconocible, apareció por primera vez en 1917, pero se arraigó en Japón y en todo el mundo a lo largo de la era Heisei. Los ojos grandes con expresiones exageradas en una cabeza desproporcionadamente grande son característicos del anime. Al principio, esta forma animada consistía en un fondo estático y detrás, figuras que estaban animadas. Los personajes se dibujaban con tinta, ya que la versión más práctica del celuloide requería acetato que tenía que importarse de afuera. Una vez que se introdujo el arte digital, las células de animación de celuloide ya no fueron necesarias. Los estudios de animación proliferaron cuando los artistas japoneses fueron arrebatados por la industria en muchos países diferentes. Al principio, el tema estaba dirigido a jóvenes, pero surgió todo un campo del anime que atraía solo a adultos.

El manga se refiere a novelas gráficas y cómics que usan el idioma japonés. Se dice que el manga se vio por primera vez en pergaminos que datan del siglo XII. Su estilo de personaje fue refinado en el siglo XIX, y Oten Shimokawa lo desarrolló aún más en 1917. Durante la era Heisei, floreció en una industria multimillonaria. La técnica utilizada en realidad era una reencarnación de un estilo creado en el siglo XIX. Los temas cubren todos los campos tradicionales, incluyendo acción, terror, ciencia ficción, misterio, historia e incluso contenido pornográfico para adultos. El manga dio un enorme impulso a la industria editorial, ya que la mayoría del material está impreso.

En Japón está muy arraigada la tradición de preservar sus raíces históricas, y el manga constituía un medio mediante el cual la historia japonesa se podía enseñar a la población. Eventualmente, se extendió por todo el mundo y le brindó a Japón la oportunidad de sobresalir en el escenario internacional. La introducción de los medios digitales creó nuevos mercados para la difusión del manga, y si hoy una serie de manga es increíblemente popular, es probable que se convierta en una serie de televisión o película.

**El Rol de los Desastres Naturales**

Las perturbaciones a lo largo de las fallas geológicas en Japón tienen una gran importancia porque son relativamente frecuentes y afectan la estabilidad del país. Japón se encuentra en una línea de falla donde se encuentran dos placas tectónicas, la placa del Pacífico y la placa del mar de Filipinas. A medida que el magma, el núcleo líquido de la tierra interior, se mueve, las capas sólidas superiores, la corteza terrestre, se desplazan. Este movimiento resulta en la destrucción generalizada de edificios y cientos de miles de vidas inocentes.

En 1995, un terremoto golpeó a Kobe, que se encuentra al suroeste de Tokio. Este terremoto alcanzó una magnitud de 6,8 en la escala de momento. Murieron cerca de 6.000 personas y más de 400.000 edificios sufrieron graves daños. Los edificios más antiguos que tenían techos pesados construidos para resistir tifones se derrumbaron desde el piso superior en lo que se llama un "colapso en panqueque". El puerto de Kobe era uno de los puertos de contenedores más grandes del mundo, y este terremoto tuvo efectos desastrosos en todo el mundo, ya que miles de productos internacionales estaban almacenados allí, pendientes de envío. En este momento, la economía japonesa se había estancado y el terremoto no hizo más que agravarla. El mercado de valores (el índice Nikkei) se desplomó, y el primer ministro Keizo Obuchi fue criticado por no tener medidas efectivas para proteger a Japón.

A partir de 1950, se habían adoptado varios códigos de construcción a lo largo de los años. El código de 1950, llamado *kyu-taishin*, era una revisión del antiguo código de 1924 desarrollado después del gran terremoto de Kanto en 1923. Se requería un refuerzo de los muros para sostener los techos, si se hubieran aplicado los estándares de 1950 se habrían eliminado los "colapsos en panqueques" que ocurrieron y los edificios más antiguos en Kobe, que tenían los techos pesados, nunca se habrían derrumbado. El kyu-taishin fue reemplazado por el shin-taishin en 1981. Este fue diseñado para proteger a los edificios de daños mayores resultantes de terremotos de tamaño medio. En 2000, el nuevo código exigía que los edificios necesitaban pasar la inspección de la estabilidad de los cimientos.

En 2004, se produjo el terremoto de Chuetsu en Honshu, la isla más grande de Japón. Solamente murieron 68 personas, en parte debido a la cooperación de los desarrolladores de bienes raíces para adherirse a la enmienda *shin-taishin* del código de construcción.

En 2011, el terremoto de Tohoku sacudió la costa de Tohoku en la Prefectura de Iwate, que se encuentra a 232 millas al norte de Tokio. Se extendió a la isla norteña Honshu porque tenía una línea de ruptura de 300 millas de largo a lo largo de la placa del Pacífico. Este es el terremoto más poderoso jamás registrado en Japón y el cuarto en el mundo desde que se comenzaron a registrar los terremotos, alcanzando una magnitud de 9.0 a 9.1 y cambiando el eje de la tierra en diez pulgadas. Más de 10.000 personas murieron como resultado de este terremoto y del tsunami que le siguió.

El tsunami inundó parte de la costa oriental de Honshu, aunque el área surgió nuevamente varios años después, y se produjo una fusión nuclear porque impactó en la Central Nuclear Daiichi de Fukushima, inutilizando sus generadores de emergencia. Esto desencadenó una liberación intencional de gas hidrógeno para evitar un desastre posterior mucho peor. Parte de las aguas del océano también se contaminaron, y en 2013 tuvieron que construir un muro marino para contener la contaminación, porque esta todavía pasaba al agua. Para frenar rumores y equívocos, la Oficina de Gestión Ambiental introdujo un programa de educación pública destinado a divulgar información precisa sobre lo ocurrido.

**Problemas Poblacionales**

En 2005, la población de Japón comenzó a disminuir y continúa haciéndolo. Por lo tanto, el número de extranjeros que trabajan en el país ha aumentado para mantener el flujo de la economía. Entre 2007 y 2019, el número de trabajadores extranjeros se ha cuadruplicado. Las tasas de natalidad disminuyeron por la urbanización, los mayores costos de crianza de los hijos y el surgimiento de la familia nuclear (el grupo formado por los padres y sus hijos). Además, hay un movimiento hacia lo que se denomina "hombres herbívoros", que se refiere a los hombres que no están interesados en el matrimonio y no pasan mucho tiempo buscando relaciones románticas. El fenómeno herbívoro no está relacionado con el vegetarianismo o la homosexualidad, es más comparable a los hombres que están fundamentalmente interesados en seguir una carrera y no quieren hacerla compatible con el matrimonio.

**El Emperador Pasa la Antorcha**

En 2019, el emperador Akihito abdicó debido a su vejez y al deterioro de su salud. Se desempeñó como portavoz de la protección del medio ambiente y los derechos humanos, e hizo muchas visitas imperiales a áreas del Pacífico que habían estado intensamente involucradas en la Segunda Guerra Mundial, como Okinawa y Filipinas. Durante su mandato, se centró en los problemas transnacionales. La era Heisei fue una era pacífica, pero los comentaristas han emitido la advertencia de que demasiado pacifismo podría dañar el futuro del país porque ha habido amenazas y ataques a las naciones del primer mundo, de las cuales Japón es uno. Un viejo proverbio chino pregunta: "¿Es mejor ser un guerrero en un jardín o ser un jardinero en una guerra?" Eso podría aplicarse a la próxima era.

En mayo de 2019 Akihito, a quien ahora se conoce como el emperador emérito, fue sucedido por su hijo, Naruhito. Esto inició la era Reiwa, que significa "hermosa armonía".

# Conclusión

Japón tiene aproximadamente el mismo tamaño que el estado americano de California y tiene una población de aproximadamente 130 millones de personas. Para un país de tamaño modesto, tiene una de las historias más ricas y variadas del mundo. Al igual que muchos otros países, ha abarcado desde clanes primitivos en guerra hasta una cultura sofisticada y avanzada. Al principio, en gran medida era el producto de una persona cuya familia controlaría el país hasta que otra familia viniera a tomar su lugar. Hoy cuenta con instituciones democráticas y promueve el pensamiento independiente.

El shogunato Tokugawa fue una de las administraciones más exitosas y prósperas durante una época en que otros países se dividían en partes entre los agentes de poder de la época. Aunque el aislamiento fue su política nacional durante el siglo XVII, creó una identidad nacional unificada que otros países no pudieron igualar. Esta identidad nacional ayudó a Japón a tener un gran éxito al comienzo de la Segunda Guerra Mundial, y aunque finalmente perdió la guerra, la constitución y las políticas que siguieron ayudaron a disminuir la brecha entre las clases sociales, uniendo a la gran mayoría de los japoneses.

El arte y la cultura de Japón unen aún más a este pueblo y juegan un papel destacado en muchas otras culturas de todo el mundo. Aunque se han actualizado, las formas de arte que se crearon en el siglo VIII todavía existen en la actualidad. Verdaderamente, Japón es un lugar maravilloso donde el pensamiento moderno convive cómodamente con el antiguo, creando una armoniosa combinación de ideas.

# Lea más libros de Captivating History

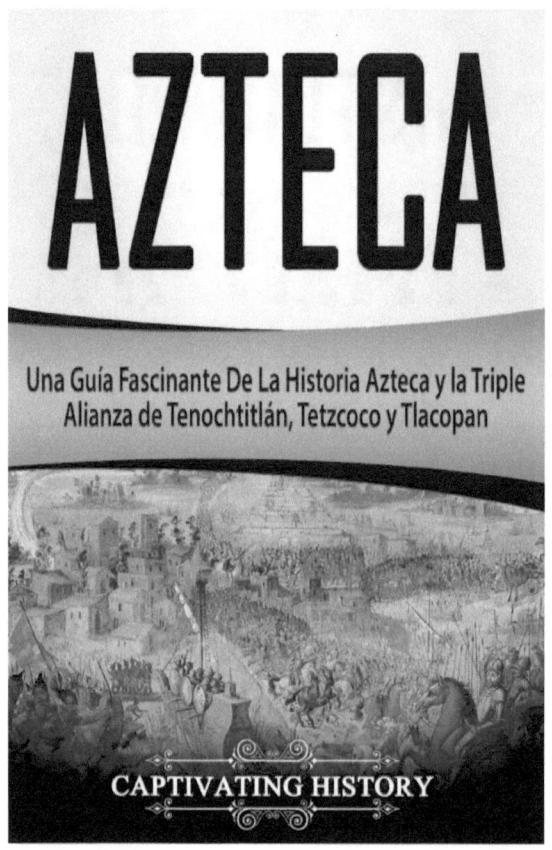

# Referencias

Adiss, S., Groemer, G y Rimer, J. (2006) *Arte y Cultura Japoneses Tradicionales: Un Libro Ilustrado,* Harvard University Press.

Buell, R. (1922) *La Conferencia de Washington.* Harvard University Press.

Chikamatsu K. "Red de Transporte de Edo", recuperado de https://web-japan.org/tokyo/know/trans/tra.html .

Costello, J. (1981) *La Guerra del Pacífico.* Harvard University Press.

Farris, W. (1996) *Guerreros Celestiales: La Evolución del Ejército de Japón: 500-1300.* Prensa de la Universidad de Columbia.

"La Primera Guerra Chino-Japonesa", recuperado de https://www.thoughtco.com/frst-sino-japanese-war-1894-95-1894-95-195784.

Harries, M. y Susie (2001) *Soldados del Sol.* Random House.

Hibbett, H. (2001) *El Mundo Flotante en la Ficción Japonesa,* Tuttle Publishing.

"En el Reino de los Fantasmas Hambrientos", https://www.goodreads.com/book/show/617702. En_el_Reino_de_los Fantasmas Hambientos.

Jansen, J. (2002) *La Creación del Japón Moderno.* Harvard University Press.

"Guía de Investigación de Leyes Japonesas: Sistema Legal y Estadísticas", recuperado de https://libguides.uchastings.edu/japan-law/legal-system-stats.

Irokawa, D. (1985) *La Cultura del Período Meiji.* Princeton University Press.

Meyer, M. (1993) *Japón: Una Historia Concisa, 3a Edición* Littlefield Adams.

Ravina, M. (2011) *El Último Samurai: la Vida y Batallas de Saigo Takamori.* John Wiley and Sons.

Saskisaka, M. "Planificación Económica en Japón", recuperado de https://onlinelibrary.wiley.com/doi/pdf/10.1111/j.1746-1049.1963.tb00638.x .

Suzuki, D. *Zen y la Cultura Japonesa.* Universidad de Nueva York PreWatanabe, T. (1984) "La Imagen Occidental del Arte Japonés en el Último Período Edo", en Estudios Asiáticos Modernos, Cambridge University Press.

.

www.ingramcontent.com/pod-product-compliance
Lightning Source LLC
LaVergne TN
LVHW041640060526
838200LV00040B/1651